Reihe »Gärtnern leicht und richtig«

Balkon und Terrasse
Rosen
Gartenarbeit rund ums Jahr
Obstbäume schneiden und veredeln
Wassergärten
Gemüse
Biogarten
Gewächshäuser
Obst für kleine Gärten
1 × 1 der Zimmerpflanzenpflege
Bauerngärten
Mischkulturen
Tips und Tricks für Hobbygärtner
Palmen und Zimmerbäume
Sommerblumen, Gartenstauden
Ziergehölze
Steingärten
Gartenkräuter
Blumenzwiebeln für Garten und Haus
Aussaat und Vermehrung
Kompost, Erde, Düngung

Gärtnern leicht und richtig

Karlheinz Jacobi

Blumenzwiebeln für Garten und Haus

BLV

Die Deutsche Bibliothek –
CIP-Einheitsaufnahme

Jakobi, Karlheinz: Blumenzwiebeln
für Garten und Haus /
Karlheinz Jacobi. – 2., neubearb. Aufl.,
(Neuausg.). – München; Wien; Zürich:
BLV, 1994
(Gärtnern leicht und richtig)
ISBN 3-405-14616-X

Bildnachweis:

Apel 11
CMA 4/5
Eisenbeiss 2 l
Felbinger 49, 83
Henseler 9 u, 98
Internationaal Bloemenbollencentrum
Hillegom/Holland 8, 9 o, 10, 16/17,
14 u, 15 l, 22, 23, 27, 35 l, 32/33, 36,
35 r, 58, 63, 64/65, 72 r, 73, 74, 79,
82, 84, 85, 96
Morell 76, 90, 94/95
Reinhard 2/3, 6/7, 6, 15 u, 20, 21, 26/
27, 28/29, 30, 30/31, 38, 42, 46, 47,
51, 53, 54/55, 55, 59, 60/61, 66, 68,
69, 70, 72 l, 80/81, 86, 87, 91, 92 l,
93
Seidl 3, 14 M, 15 o, 34, 37, 43, 44/45,
50 l, 50 r, 52, 56/57, 61, 67, 77, 78,
88/89, 92 r, 97
Stehling 2 r, 12, 12/13, 14 o, 18/19, 48
Strauß 25 o, 25 u, 38/39, 40/41, 41, 71,
75, 80

Grafiken: Manuela Hutschenreiter,
München
Umschlagentwurf: Studio Schübel,
München

Umschlagfotos:
Vorderseite: Reinhard Tierfoto
Rückseite: Reinhard Tierfoto
Seidl

BLV Verlagsgesellschaft mbH
München Wien Zürich
80797 München

2. neubearbeitete Auflage,
Neuausgabe

Lektorat: Barbara Kiesewetter
Layout: Anton Walter
Herstellung: Ernst Großkopf
Satz: ew print & medien, Würzburg
Druck: Appl, Wemding
Bindung: Auer, Donauwörth

Gedruckt auf chlorfrei gebleichtem Papier

Printed in Germany
ISBN 3-405-14616-X

Frühlingsblumenstrauß aus Tulpen, Hyazinthen, *Muscari* und Freesien.

Blumenzwiebeln oder Knollen – eine Definition

Da in der Natur nichts nach starren Regeln vor sich geht, kann keine eindeutige Erklärung über den Unterschied zwischen Zwiebeln und Knollen gegeben werden. Eins ist klar: Unsere Küchenzwiebel ist eine Zwiebel und die Kartoffel eine Knolle.
Die Zwiebel ist, wie die Botaniker sagen, ein unterirdischer, gestauchter, selbständiger Sproß, mit fleischigen, mehr oder weniger fest zusammengeschlossenen Zwiebelschuppen.
Die Blumenzwiebel enthält alle, oder zumindest fast alle Einzelteile wie Blätter, Stiele, Knospen, Blüten und sogar schon Samenanlagen, gewissermaßen »vorgefertigt«. Die Natur selbst ist es also, die uns die meiste Arbeit mit Blumenzwiebeln abnimmt, denn es gibt keine andere Pflanzenart, die den Blüherfolg bereits so perfekt vorbereitet hat.
Die oberirdischen Organe stekken im Innern der Zwiebel und werden von fleischigen Schalen umhüllt, die das Austrocknen verhindern. Deshalb können Blumenzwiebeln auch längere Zeit trocken lagern.
Die bekanntesten Zwiebelblumen sind Tulpen, Schneeglöckchen, Kaiserkronen, Lilien, Narzissen, Iris und *Scilla*.
Knollen sind dagegen zwei-oder mehrjährige reine Speicherorgane. Die Form und Größe der Knollen schwankt.
Auch bilden sie im Gegensatz

Gladiolen im Sommerblumengarten (unten). Tulpenpracht unter Kirschbäumen (rechts).

zur Zwiebel eine oder mehrere Triebknospen (»Augen«).
Damit es auch richtig schön kompliziert wird, gehören die Dahlien nicht zu den Knollen, sondern zu den sogenannten Wurzelknollen, weil sie nur am Stengelansatz, wo die Knospen sitzen, austreiben. Gladiolen, Freesien, Sterngladiolen *(Acidanthera)*, Krokus zählt man zu den Zwiebelknollen.
Manche Pflanzen besitzen weder Zwiebeln noch Knollen, sondern Rhizome. So bezeichnet man verdickte, waagerecht wachsende Erdsprosse, die als Nährstoffspeicher dienen (z. B. Maiglöckchen).
Da das äußere Erscheinungsbild keine Aufschlüsse über die korrekte Bezeichnung der Überdauerungsorgane gibt, sollte man darauf keine Mühe verwenden, sondern lieber beachten, welche Zwiebeln oder Knollen in der kalten Jahreszeit draußen bleiben können und welche im Warmen überwintert werden müssen.
In der Erde überwintern beispielsweise Steppenkerzen, Anemonen, Alpenveilchen, Winterlinge, Ranunkeln und Herbstzeitlose. In frostgefährdeten Gegenden benötigen sie aber eine Abdeckung aus Rindenmulch oder Koniferenreisig.
Andere Knollengewächse müssen im Herbst aus der Erde und in einem trockenen Raum bei Idealtemperaturen von 10 bis 12 °C überwintert werden wie z.B. Dahlien, Gladiolen, Acidanthera, Knollenbegonien, Freesien und Gloriosa.

Gartenplätze für Blumenzwiebeln und Knollen

Sicher gibt es in den meisten Gärten nicht genug Platz für alle Pflanzen unserer Wünsche. Ein paar Narzissen, Krokusse und Blausternchen passen aber immer noch in das Staudenbeet oder vor und unter blattabwerfende Sträucher. Laubgehölze als Nachbarn eignen sich deshalb besonders gut, weil die meisten Blumenzwiebeln bereits blühen, bevor die Gehölze austreiben und den Boden beschatten. Auch Stauden eignen sich oft hervorragend als Partner. So paßt beispielsweise ein großer Tuff Osterglocken zwischen Eisenhutstauden, deren blaue Blütenkerzen sich erst dann erheben, wenn sich die Narzissen zurückgezogen haben. Solche Partnerschaften mit Stauden, Sträuchern und Bäumen gibt es viele. Es ist eine Art Staffellauf, bei dem eine Pflanzenart der anderen ihre »Blüten in die Hand« gibt.

Blüten rund ums Jahr

Überhaupt stellen Blumenzwiebeln und Knollen eine hochinteressante Pflanzengesellschaft dar. Wenn man will, Platz, Lust und Zeit hat, kann man sie zwölf Monat hintereinander blühen lassen. Im Januar bis März am Zimmerfenster Amaryllis

Krokus, Zwiebeliris, *Muscari*, Botanische Tulpen und Narzissen.

und vorgetriebene Hyazinthen, Tulpen, Krokusse, *Muscari* und duftende Wassernarzissen.
Draußen geht das Blühen nicht selten schon im Februar los mit Winterlingen und Schneeglöckchen, wird im März fortgesetzt mit Alpenveilchen, Narzissen, Krokussen und den ersten frühen Tulpen, die man Botanische nennt, und die im April ihre hohe Zeit haben, zusammen mit den Narzissen.
Auch Kaiserkronen schicken sich dann an zu blühen und natürlich die duftschönen Hyazinthen. Der Mai ist ein rechter Tulpenmonat. Im Juni passiert auch noch allerhand. Da blühen Holländische Iris und Zierlaucharten.
Dann wird es meist Zeit für sommerblühende Blumenzwiebeln und Knollen. Vorher jedoch gewissermaßen als Übergang zu den Frühjahrs-Sommerblühern, erfreuen uns die am Zimmerfenster herangezogenen Gloxinien, Schiefteller, weiße, gelbe oder rosa Calla, die attraktive Orchideenlilie *(Gloriosa rothschildiana)*, die auch im Garten wächst und blüht, genauso wie das vierblättrige Kleeblatt.
Im Juni/Juli geht es draußen los mit der großen Schar der Sommerblüher, die von April/Mai ausgepflanzt werden und schon so etwas wie unentbehrlich sind.
Hauptdarsteller im Sommerblumengarten sind die Dahlien, die Lilien und die Gladiolen. Aber man sollte sich auch einmal bei nicht alltäglichen sommerblühenden Zwiebeln und Knollen

Majestätisch: Die Kaiserkronen (oben). Dahlien blühen bis zum ersten Frost (links).

umsehen, bei Sterngladiolen und Gartenfreesien, bei Milchsternen und Montbretien, die Blumenbeete, aber auch andere Gartenteile auf vielfältige Weise bereichern.
Es gilt, einen Schatz zu heben aus farbenfrohen und ungewöhnlichen Blüten und Pflanzengestalten. Denn erstaunlicherweise bleiben in unseren Gärten viele Blumenzwiebelarten noch ungepflanzt. Und das ist schade.

Blumenzwiebeln zwischen Sträuchern und Bäumen

In vielen Gärten haben hohe Fichten und Hecken die Sonne verdrängt, so daß es für Blütenpflanzen keine Chance mehr zu geben scheint.
Denn Lichtmangel und der Wurzeldruck der Gehölze verhindern jene Wachstumsbedingungen, die Blumen nun einmal brauchen. Rittersporn und Phlox resignieren hier genauso wie die einstmals so blütenschönen Pfingstrosen und Sonnenhüte. Ist ja auch ganz natürlich, weil hohe Bäume und Sträucher dem Boden Feuchtigkeit und Nährstoffe entziehen, von dem Lebenselexier Licht ganz zu schweigen, das alle blühenden Gewächse so dringend brauchen.
Nur Blumenzwiebeln machen hier eine rühmliche Ausnahme. Sie wachsen und blühen zwischen oder unter Sträuchern und Bäumen, als gehörten sie hierher wie Farne und andere Waldbewohner. Für besonders extreme Situationen empfehlen sich alle Blumenzwiebeln, die früh blühen, also noch vor dem Blattaustrieb der Laubgehölze.

Im Sommer ist deutlich zu sehen, wie unter dem Laub der Gehölze die Erde trockener bleibt und nur wenig Pflanzen hier ihr Leben fristen. Diese Stellen sind vor dem Austrieb der Blätter oft die reinsten Sonnenecken und genau das, was viele zeitig im Frühjahr blühende Blumenzwiebeln besonders zu schätzen wissen. Wenn dann zur Blütezeit schon die ersten Blätter etwas Schatten geben, so trägt das dazu bei, daß die Blüten ihre Farbenpracht länger zeigen.

Die Hacke bleibt untätig

Ungestört von Hacke, Rechen und Rasenmäher können überall in der unmittelbaren Nachbarschaft anderer Gartenpflanzen bunte Krokusse blühen und ausreifen, ohne daß ihnen vorzeitig die Blätter und damit die Lebenskraft abgeschnitten wird. Die goldgelben Winterlinge mit ihrem grünen Blätterrollkragen vertragen dabei sogar etwas

'Blanda' heißt diese Triumph-Tulpe, die auf 40–50 cm hohen Stielen steht.

Schatten. Das Blausternchen *(Scilla sibirica)* gibt Anfang April einen tiefblauen, kontrastvollen Untergrund unter goldgelb blühenden Forsythiensträuchern. Herrlich dunkel-violettblau oder frisch rosa leuchten die Blütensterne von *Anemone blanda,* der Strahlenanemone. In milden Wintern, bald nach Weihnachten, beginnt das Schneeglöckchen zu blühen. Es fühlt sich überall dort wohl, wo es ungestört seinen Sommerschlaf verbringen kann, wobei es dort schattig und nicht zu trocken sein sollte. Schneeglöckchen wachsen im Lauf der Jahre unter Bäumen und Sträuchern, aber auch in der feuchten Nähe von Gartenteichen zu großen Horsten heran. An feuchten Stellen zwischen den Bäumen und Sträuchern fühlt sich auch der Märzbecher wohl und entfaltet hier seine grünzipfligen, zartduftenden Blüten. Die Schneeglanzarten sollte man auch an diese Stellen pflanzen. Ihre leuchtend blauen, weißäugigen Blüten strahlen auch an dunklen, regnerischen Tagen.

Zwischen Rhododendren und Gartenazaleen passen Lilien, vor allem Sorten von *Lilium martagon, L. hansonii* und *L. speciosum.* Zu empfehlen sind auch Montbretien und Herbstzeitlosen für die Zeit, wenn die Rhododendren nicht mehr blühen.

Alpenveilchen passen überall hin, wo sich kein Wasser staut.

An den sommerwarmen Rändern, dort wo Strauch und Rasen aufeinandertreffen, sind die Traubenhyazinthen zu Hause. Wenn sie blau oder weiß im Frühling blühen, sollten wir die Blätter so lange schonen, bis sie im Frühsommer abtrocknen, damit die Zwiebeln mit genügend Kraft für die nächste Frühjahrsblüte ihren Sommerschlaf beginnen können. Narzissen blühen wie Krokusse an allen Plätzen, wohin die Sonne nicht scheint, in allen Formen und Farben genau wie ein ganze Reihe der sogenannten Botanischen Tulpen, deren Blütengröße und Farbenpracht dunkle Gärten wochenlang erhellen. Man sollte sie sich alle merken: die Kaufmanniana-Tulpen mit der zuallererst blühenden Sorte 'The First'; die Fosteriana-, Greiglii-Tulpen und, nicht zu vergessen, die Wildtulpen, die soviel Naturnähe in unsere Gärten bringen.
Überall gibt es Plätze im Garten, wo Blumenzwiebeln blühen können, gerade vor und unter Nadelgehölzen, die Farbe oft so nötig brauchen.

Blumenzwiebeln als Partner für Stauden

Ein Staudengarten, so schrieb der große Staudenzüchter Karl Foerster, ist ohne Blumenzwiebeln unvollkommen, vor allem deshalb, weil in den blütenarmen Staudenwochen zwischen Februar und Mai die Hauptblütezeit der Zwiebelgewächse liegt. Überhaupt gehören Stauden und Blumenzwiebeln zusammen, weil sie sich in der Wirkung gegenseitig fördern.

Blumenzwiebeln für den Steingarten und den Heidegarten

Im Steingarten ist Platz für nicht alltägliche Blumenzwiebelschönheiten; so passen zum Beispiel zu *Sempervivum*, *Draba* und kleinblättrigen *Saxifraga* die zarten *Iris reticulata*, Winterlinge und Schneeglanz. Kräftiger wachsen Traubenhyazinthen

Tränendes Herz als Partner von Narzissen.

und *Scilla,* Botanische Tulpen und Hundszahn, die sich von wachstumsfrohen Stauden deshalb nicht unterkriegen lassen. Auf den nächsten Seiten finden Sie eine Zusammenstellung von Blumenzwiebeln und den dazu passenden Steingartenstauden. Es ist fast die gleiche Pflanzengesellschaft wie im Steingarten.

Im Steingarten sollte man Alpenveilchen blühen lassen, weil sie unbedrängt am besten zur Geltung kommen. Sie sind auch zu schön.

Besonders zu empfehlen sind botanische Vorfrühlingskrokusse, Schneestolz, Winterling, Schneeglöckchen, Milchstern, Puschkinie, Blausternchen *(Scilla)* und für den herbstlichen Flor Herbstzeitlosen, Herbstkrokusse und Sternbergien.

Blumenzwiebeln auf Staudenbeeten

Dies ist der Teil des Gartens, wo üppige Blütenpracht erwartet wird. Hier stehen Flammenblumen *(Phlox),* Rittersporn, Sonnenbraut, Sonnenauge, Astern, Mohn, Schafgarbe und vieles mehr, und hier müssen auch die großen, farbkräftigen Blumenzwiebelsorten in wirkungsvollen Tuffs untergebracht werden: Tulpen je 5–10 Stück, Narzissen je 3–10 Stück, Hyazinthen je 3–6 Stück, *Iris Hollandica*-Hybriden je 10–15 Stück, Steppenkerze einzeln, Krokus 10–20 Stück, Kronenanemonen 15–20 Stück.

Tulpen zwischen Rittersporn, der erst im Sommer blüht.

Wildkrokusse und Kleine Netzblattiris

Schneeglöckchen

Alpenveilchen–Narzissen

Blumenzwiebeln	Stauden
Allium (Zierlauch) *A. christophii* *A. flavum* *A. karataviense* *A. moly* *A. oreophilum*	setzen in Polster von Thymian *(Thymus)*, Katzenpfötchen *(Antennaria)*, Ehrenpreis *(Veronica incana)*, Stachelnüßchen *(Acaena)*, Nelken *(Dianthus)*, Habichtskraut *(Hieracium)*, Steinbrech *(Saxifraga)*, Fetthenne *(Sedum)* und ähnliche
Anemone **(Anemone)** *A. apennina* *A. blanda*	an halbschattige Stellen pflanzen, zusammen mit Schaumblüte *(Tiarella)*, Waldmeister *(Asperula)*, Waldsteinie *(Waldsteinia)*, Purpurglöckchen *(Heuchera)* u. ähnliche
Bulbocodium **(Lichtblume)** *B. vernum*	truppweise zwischen niedrigen Gräsern, Hainsimse *(Luzula pilosa* und *L. nivea)*, Segge *(Carex)* und Schwingel *(Festuca)*
Chionodoxa **(Schneestolz)** *C. gigantea* *C. luciliae*	in Polster von Mannsschild *(Androsace)*, Ehrenpreis *(Veronica)*, Fingerkraut *(Potentilla)*, Steinbrech *(Saxifraga)*, Fetthenne *(Sedum)*
Crocus **(Krokus)** *C. chrysanthus* alle Arten *C. tommasinianus*	paßt zu Thymian *(Thymus)* und in Trupps vor sonnenbeschienenen Steinen, wo sie sechs bis acht Tage früher blühen
Eranthis **(Winterling)** *C. cilica* *E. hyemalis*	Verwendung wie *Chionodoxa* und *Crocus* und zum Verwildern unter Sträuchern
Erythronium **(Hundszahn)** alle Arten	mit Waldmeister *(Asperula)*, Veilchen *(Viola odorata)* und Haselwurz *(Asarum)*
Galanthus **(Schneeglöckchen)** *G. nivalis*	fühlen sich wohl zwischen allen niedrig bleibenden Polsterstauden
Iris **(Schwertlilie)** *I. danfordiae* *I. reticulata*, alle Sorten	zwischen schwachwachsende Stauden, Staudenpolster und vor Steine pflanzen
Muscari **(Traubenhyazinthe)** *M. azureum* *M. aucheri* *M. botryoides*	in Gemeinschaft mit Schafgarbe *(Achillea ageratifolia)*, Günsel *(Ajuga)*, Steinkraut *(Alyssum)*, Gänsekresse *(Arabis)*, Blaukissen *(Aubrieta)*, Glockenblume *(Campanula)*, Nelke *(Dianthus)*, Enzian *(Gentiana)*

Blumenzwiebeln	Stauden
***Narcissus* (Narzisse)** *N. bulbocodium* *N. cyclamineus* *N. asturiensis*	Schneekissen *(Iberis saxatilis)*, Nelkenwurz *(Geum)*, Flammenblume *(Phlox subulata)*, Kissenprimel *(Primula pruhoniciana)*, Fetthenne *(Sedum)*, niedrige Arten, immer in kleinen Trupps von 5–8 Stück
***Ornithogalum* (Milchstern)** *O. umbellatum*	zum Verwildern zwischen Staudengräsern, Katzenpfötchen *(Antennaria)*, Ehrenpreis *(Veronica)*, Edelraute *(Artemisia)*, Günsel *(Ajuga)*
***Puschkinia* (Puschkinie)** *P. scilloides* var. *libanotica*	Pantoffelblume *(Calceolaria)*, Steinsame *(Lithospermum)*, Glockenblume *(Campanula)*
***Scilla* (Blaustern)** *S. bifolia* *S. sibirica* *S. mischtschenkoana*	in Trupps zu Immergrün *(Vinca minor)*, Günsel *(Ajuga)*, Waldsteinie *(Waldsteinia)*, Fetthenne *(Sedum ellacombianum* und 'Weihenstephaner Gold'), Leimkraut *(Silene schafta)*, Kissenprimel *(Primula pruhoniciana)*, Steinbrech *(Saxifraga muscoides)* und ähnliche
***Tulipa* (Wildtulpen, Botanische Tulpen)** *T. chrysantha* *T. clusiana* *T. eichleri* *T. fosteriana*, alle Sorten *T. kaufmanniana*, alle Sorten *T. praecox* *T. praestans*, alle Sorten *T. tarda*	einzeln und in Trupps von 3–10 Stück vor Steine und in Polster von Fetthenne *(Sedum)*, Thymian *(Thymus)*, Katzenpfötchen *(Antennaria)*, Ehrenpreis *(Veronica)*, Steinbrech *(Saxifraga)*, Münzkraut *(Lysimachia)*, Habichtskraut *(Hieracium)*, Nelken *(Dianthus)*, Silberwurz *(Dryas)*, Chrysantheme *(Chrysanthemum)* und ähnliche.

Tulipa pulchella

Blausternchen

Tulipa tarda

Blumenzwiebeln für Wassergärten

Ein Gartenteich, umrahmt von Geißbart, Gartenbambus und Schilfgräsern, ist die schönste Verbindung von Tier- und Pflanzenwelt. Hier blühen Seerosen auf dem Wasser in vielen Farben, ziehen Fische still ihre Bahn und geben sich Libellen, Frösche und Singvögel ein Stelldichein. Sie genießen wie der Mensch die Frische und Kühle des feuchten Elements und empfinden die Wasserstelle als einen wohltuend ruhigen und sicheren Ort.
Manchem Gartenfreund genügen die Blüten der Japanischen Prachtiris, *Iris-kaempferi*-Hybriden, der Rosenprimeln und Sumpfdotterblumen, die alle am Ufer wachsen können, nicht. Sie wollen mehr Blumen im Wassergarten blühen lassen und setzen Blumenzwiebeln in die Nähe des Biotops.
Wer nun meint, daß Blumenzwiebeln trocken stehen müssen, dem sei gesagt, daß nicht alle aus Trockensteppen stammen, mit der Notwendigkeit, ihre Zwiebeln nach der Wachstumszeit abtrocknen zu lassen. Einige kommen aus Feuchtwiesen und schattigen Tälern, andere direkt aus Sümpfen und Mooren; dazu gehören die Sumpfcalla *(Calla palustris)*, die Sumpfschwertlilien *(Iris pseudacorus)* und die Sumpfgladiole *(Gladiolus palustris)*.
In feuchten Wiesen ist der Hundszahn *(Erythronium dens-canis)* zu Hause, dessen gelbe, weiße und hellviolette Blüten ab April auf 25 cm hohen Stielen erscheinen. Das Schneeglöckchen, jeder kann es beobachten, vermehrt sich am besten an feuchten und schattigen Gartenplätzen. Auch der Märzenbecher *(Leucojum vernum)* mag Feuchtigkeit und entwikkelt sich besonders gut im Schatten der Sträucher und Bäume allerdings nur dort, wo der Wurzeldruck nicht allzu hoch ist. Beide, der Märzen- und der Maienbecher gedeihen in Wassernähe oft besser als an einem »normalen« Gartenplatz. Außerdem bleiben sie im feuchten Bereich auch von der Narzissenfliege verschont.
Kühl und feucht sollte es für einige Lilien, zum Beispiel für den Türkenbund sein, der seine Blüten jedoch der Sonne entgegenrecken möchte. Am meisten Feuchtigkeit vertragen die Holländischen Iris, die vom Uferrand aus sogar bis ins flache Wasser hineinwachsen

Sie wünschen einen Platz an der Sonne: Die wunderschönen Steppenkerzen (*Eremurus*).

können. Nässe vertragen auch die Zwiebeliris, die gelbblühende *Iris danfordiae* wie auch die blaublütige *Iris reticulata.* Sie möchten es gerne sonnig, genauso wie die Schachbrettblume *(Fritillaria meleagris),* mit der man in Gemeinschaft mit Sumpfdotterblumen *(Caltha palustris)* und Mädesüß *(Filipendula)* zauberhafte blühende Uferränder anlegen kann. Diese, auch Kiebitzeier genannten, kleineren Schwestern der großen Kaiserkronen blühen vom April bis Mai mit hübschen weißen, purpurfarbenen oder auch rötlichvioletten, gescheckten Blüten.

Auch Narzissen fühlen sich am Gartenteich pudelwohl. Vor allem die kleinblütigen Sorten passen hierhin wie die bekannten *Narcissus cyclamineus* Sorten wie 'Peeping Tom' und 'February Gold'. Selbst die sonst schwierig unterzubringenden gefülltblühenden Sorten sind hier eine wahre Augenweide.

Ein paar Lilien sollten stets an den Rand des Gartenteichs gepflanzt werden. Die Pantherlilie, *L. pardalineum,* entwickelt ihre Schönheit eigentlich erst so recht am Wasser. Die Zwiebeln vertragen eine gelegentliche Überflutung, aber keine Staunässe. Das gilt auch für andere Lilien. Deshalb sollte man in kleinen oder großen Wassergärten nie auf Lilien verzichten.

Blumenzwiebel für Blumenrasen

Die Narzissenwiesen im Hohen Venn und im Elsaß, die Krokusmatten der Alpen oder die Herbstzeitlosen in unseren Landen erwecken Wünsche nach ähnlichen Naturerlebnissen im eigenen Garten. Das ist möglich, wenn ein sogenannter Englischer Rasen zu einer Blumenwiese umfunktioniert wird, das heißt, Blumenzwiebeln in den Rasen gesetzt werden.
Selbstverständlich muß man die besonderen Ansprüche der Blumenzwiebeln im Rasen berücksichtigen. Nach der Blüte hat sich die Zwiebel verausgabt und muß Vorrat für das kommende Frühjahr schaffen. Wenn man ihr mit dem Rasenschnitt die Blätter abmäht, kann sie das nicht. Es gibt im nächsten Frühling keine Blüte.
Richtig ist es, die Stellen des Rasens, in denen Blumenzwiebeln geblüht haben, so lange nicht zu mähen, bis deren Laub zu vergilben beginnt. Das ist bei Schneeglanz und Blausternchen schon Ende Mai soweit, ebenso wie bei Winterlingen, Traubenhyazinthen und manchen Krokussen. Besonders die großblumigen Krokus-Sorten dürfen erst Ende Juni gemäht werden. Der Milchstern *(Ornithogalum umbellatum)* und alle Narzissen ziehen sich erst Ende Juni/ Anfang Juli zurück. Wenn man die Pflanzbereiche im Rasen so anlegt, daß sie Baum- oder Strauchgruppen zugeordnet sind, stören sie auch ungemäht nicht den »gepflegten Eindruck« eines Gartens.
Für die Rasenpflanzung eignen sich alle Trompetennarzissen (»Osterglocken«), wenn genügend Sonne vorhanden ist. Man sollte frühe und späte Sorten setzen, damit wochenlang mit Blüten gerechnet werden kann. Zu den frühen Sorten gehören zum Beispiel 'Golden Harvest' oder 'Carlton', zu den späten 'Dutch Master' und Jonquillen-Sorten wie 'Baby-Moon', die wundervoll duftet und erst im Mai blüht.
Von den *Poeticus*- oder Dichternarzissen ist die Sorte 'Actaea' zu nennen, reinweiß, Auge gelb mit rotem Rand. Sie blüht auch erst im Mai und hält es selbst im Halbschatten aus.
Auch hübsche Wildformen wie *N. cyclamineus,* die man auch Engelstränennarzisse nennt, gedeihen lange ohne jede Pflege, teils im ungeschnittenen Rasen, teils im offenen Boden am Rand von Sträuchern.
Wichtig ist bei Narzissen, daß die Pflanzung tief genug erfolgt (etwa 15 cm) und die Zwiebeln nicht zu eng liegen. Narzissen brauchen Nahrung und sollten jedes Jahr bei Wachstums-

Krokusse beleben einen löchrigen und langweiligen Rasen.

beginn gedüngt werden. Man kann auch die bei uns heimische Schachbrettblume *(Fritillaria meleagris)* pflanzen, die im April zu blühen beginnt. Mitte Juli ist dann der Rasen zum Mähen freigegeben.
Sehr schön sieht es aus, wenn in einem löchrigen Rasen, der zwischen und unter Bäumen entsteht, Krokusse angesiedelt werden, am besten um den Stamm herum.
Bei den Schneeglöckchen fällt auf, wie sie sich durch einen Trick vor dem Weidevieh schützen, dessen Freßlust sie früher auf den Wiesen ausgesetzt waren: Ihre Blätter sind von einem zarten Band umgeben, das sie am Fuß hochhält, solange keine Gefahr droht. Sind die Blumen verblüht und werden die grünen Früchte schwer, reißen sie auf, und die Blätter legen sich samt den Blütenstengeln flach auf den Boden. So geht der Rasenmäher über sie hinweg.

Wer unbedingt einen kurzgeschorenen Rasen haben und nicht auf das Eintrocknen der Blätter von größeren Narzissen und Botanischen Tulpen warten will, kann sie mit ihrem ganzen Wurzelballen aus der Erde heben und an einem verdeckten Gartenplatz in aller Ruhe einziehen lassen.

Blumenzwiebeln zum »Verwildern«

Im halbschattigen Rasen mancher Gärten sieht man oft schon im Februar mehr Schneeglöckchen als Grashalme wachsen. Ihre dichten Blätterhorste ersetzen für manche Wochen das immer noch spärliche Gras. Daneben, wo die Sonnenstrahlen ungehinderten Zugang haben, blühen wenig später unzählige Blausternchen, und unter den blattlosen, lichten Zweigen der Ziersträucher hat sich im Laufe der Jahre ein gelber Teppich von Winterlingen zusammengezogen.

Großblumige Krokusse sollten dicht an dicht gepflanzt werden.

Das ist gemeint, wenn Gärtner sagen, die Blumenzwiebeln »verwildern«. Sie wollen damit nicht sagen, die Blumen hätten sich farblich oder im Wuchs verändert – im Gegenteil, viele von ihnen wachsen um so schöner, je länger man sie ungestört an ihrem Platz läßt. Wenn sie sich dort wohl fühlen, vermehren sie sich mit Samen und Brutzwiebeln.
Günstige Standortverhältnisse allein genügen jedoch zu einer solchen Ausbreitung noch nicht. Sie gelingt nur mit reinen Arten von Kleinblumenzwiebeln und mit den botanischen Arten der größeren. Sie vererben ihre Eigenschaften rasserein, während die hochgezüchteten Super-Stars ihre herausragenden Eigenschaften schon in der nächsten Generation verlieren würden.

Zum Verwildern geeignete Zwiebelblumen müssen deshalb mit ihren botanischen Namen gekauft oder bestellt werden, zu groß ist die Zahl unterschiedlicher deutscher Namen für ein und dieselbe Blume. Hier die beliebtesten Gattungen: *Allium* (Zierlauch), *Anemone, Chionodoxa* (Schneestolz), *Crocus, Eranthis* (Winterling), *Galanthus* (Schneeglöckchen), *Leucojum* (Märzbecher), *Muscari* (Traubenhyazinthe), *Oxalis* (Glücksklee), *Puschkinia* und *Scilla* (Blausternchen).

Worauf man beim Blumenzwiebeleinkauf achten muß

»Wer billig kauft, kauft oftmals teuer.« Diese Weisheit richtet sich nicht gegen sparsame Menschen, die überlegt ehrliche Chancen wahrnehmen. Das gilt für alle Dinge des täglichen Gebrauchs, aber auch für Pflanzen, Geräte und Blumenzwiebeln, die in den Herbstwochen überall angeboten werden. Hier heißt es aufpassen und nicht auf Leimrutenfänger hereinfallen, die zum Beispiel als fliegende Händler schnelles Geld mit Blumenzwiebeln machen wollen.
Da sie von Ort zu Ort reisen, sind sie im nächsten Frühjahr, wenn die Gartenfreunde merken, daß man sie hereingelegt hat, nicht mehr dingfest zu machen.
Der Einkauf von Blumenzwiebeln ist Vertrauenssache: Über die Qualität entscheidet einmal die Größe der Zwiebeln. Faustregel: Je größer die Zwiebel, desto schöner die Blüte. Schöner heißt für Tulpen: größere Blüten, kräftige Stiele und gesünderes Blattwerk. Die Tulpenzwiebeln werden nach Umfang, der in Zentimetern gemessen wird, gehandelt. »Normal« sind die Größen 11/22 und 12 und größer. Wildtulpen sind meist kleiner, etwa 6/7 cm. Bei Hyazinthen verspricht eine größere Zwiebel nicht nur eine reichblühendere Pflanze, sondern auch mehr Einzelblumen pro Blütentraube. Der Umfang der Hyazinthen liegt etwa bei 14/15 und 16 cm und mehr. Bei Narzissen, die je eine Blüte, »pro Nase« hervorbringen, sind bei Verwendung großer Zwiebeln die Pflanzen im ganzen kräftiger und blühfreudiger. Qualität zeigt sich bei allen Blumenzwiebeln auch durch das äußere Erscheinungsbild. Glatthäutig und möglichst unbeschädigt sollten die Zwiebeln sein, dazu prall und fest.
Dagegen sind Zwiebeln mit verfaulten Stellen, vor allem, wenn sie sich am Zwiebelboden befinden, völlig ungeeignet genauso wie ausgetrocknete Zwiebeln. Hat sich die braune, weiße oder violette Haut von der Zwiebel gelöst, so ist das nur halb so schlimm: Ein leichter Daumendruck genügt, um festzustellen, ob die Zwiebel nicht trocken ist. Wurzeln sollten sich noch nicht gebildet haben. Nur die Kaiserkrone macht da eine Ausnahme. Sie darf in Tüten und Kartons bereits ihre langen Wurzeln entwickeln, um so schneller wächst sie im Garten dann heran.

Beim Einkauf beachten: Je größer die Zwiebel, desto schöner die Blüte.

Wann und wie Blumenzwiebeln gepflanzt werden

Die im Frühjahr blühenden Blumenzwiebeln werden im Herbst gepflanzt, am besten in den Monaten Oktober und November. Wenn es aus irgendwelchen Gründen nicht möglich ist, sofort zu pflanzen, sollte man die Zwiebeln trocken und luftig aufbewahren, um ein mögliches Keimen zu vermeiden. Natürlich kann man auch noch bei frostfreiem Wetter im Dezember pflanzen, dann muß allerdings beispielsweise bei Narzissen mit einer weniger reichen Blüte gerechnet werden; auch bleiben die Stiele kürzer. Unbefriedigend ist bei später Pflanzung auch der Wachstumserfolg bei Schneeglöckchen, einfach deshalb, weil sowohl Narzissen als auch Schneeglöckchen noch vor dem Winter ausreichend Wurzeln bilden müssen.
Einige Zwiebelgewächse können sowohl im Herbst wie auch im Frühjahr gepflanzt werden wie zum Beispiel Lilien, Anemonen und Montbretien, obwohl die meisten nur im Frühjahr erhältlich sind. Von Lilien abgesehen, ist allerdings von einer Herbstpflanzung in rauhen Lagen ohnehin abzuraten, da diese Zwiebeln doch recht frostanfällig sind. Die Pflanzzeit für die einzelnen Arten finden Sie auf S. 24.

Boden und Pflanztiefe

Blumenzwiebeln gedeihen in jedem Boden. Er muß nur lokker sein, damit für ausreichenden Wasserabzug gesorgt ist. Die Blüten werden um so schöner, je mehr organische Humusstoffe darin enthalten sind. Schwere Böden werden deshalb mit Kompost oder Stallmist (in Säcken abgepackt erhältlich) verbessert. Blumenzwiebeln blühen an allen Plätzen mit voller Sonne oder in leichtem Schatten. Im allgemeinen pflanzt man die Zwiebeln so, daß ihre Spitze ungefähr so tief wie der doppelte Zwiebelumfang in der Erde liegt. Die Spitze zeigt dabei nach oben. Nähere Angaben stehen bei den Pflanzporträts.

Zu empfehlen: Zuerst die Blumenzwiebeln auslegen, dann pflanzen.

Im Boden lassen oder herausnehmen?

Die meisten Blumenzwiebel-Gattungen brauchen nicht umgepflanzt oder im Herbst aus dem Boden herausgenommen zu werden. Sie bleiben jahrelang, wenn nicht gar ihr ganzes Leben an derselben Stelle. Das gilt für Zwergnarzissen, Krokusse, *Camassia, Allium*-Arten, Holländische Iris und fast alle niedrigbleibenden Blumenzwiebeln, die sich für Blumenrasen genauso eignen wie zum Verwildern oder auch für Steingärten, in denen man sowieso nicht so viel herumgraben sollte. Auch in der Erde bleiben dürfen zum Beispiel Schneeglanz, Traubenhyazinthen, Schneeglöckchen, Blausternchen, *Ornithogalum,* Anemonen und Botanische Tulpen.

Vorn: Papageien- und Lilienblütige, dahinter einfache späte Tulpen.

Narzissen und Tulpen umpflanzen

Bewährt hat sich dagegen das Umpflanzen hochwachsender Narzissen (»Osterglocken«). Aus einem einfachen Grund: Die Zwiebeln vermehren sich in der Erde, dort entsteht auf Dauer Platz- und Nahrungsmangel, so daß die einzelnen Zwiebeln nicht mehr in der Lage sind, zu blühen und nur noch Blätter bilden. Das gilt auch für Tulpen, die allerdings nicht mehr auf solche Plätze dürfen, an denen schon einmal Tulpen (und auch Holländische Iris) gestanden haben. Ein kleiner Gartenplan mit entsprechenden Eintragungen ist deshalb sehr nützlich.

Spezialbehandlung für Kaiserkronen und Riesenkugellauch

Die imponierend großen Kaiserkronen und der Riesenkugellauch passen besonders gut zwischen niedrigbleibende Stauden und Einjahrsblumen, die mit ihren Blättern das bereits während der Blütezeit absterbende Laub zudecken. Wer Probleme mit diesen beiden Pflanzenriesen hat, sollte sie nach der Blüte und dem Abtrocknen der Blätter herausnehmen und die Zwiebeln warm (20–23 °C), trocken und luftig aufbewahren und sie im November wieder pflanzen. Der Grund für diese blüten- und wachstumsfördernde Maßnahme: Unsere Sommer sind für diese Zwiebeln meist zu kühl.

Pflanztabelle

Die im Frühling blühenden Blumenzwiebeln kommen von September bis November in die Erde. Die beste Pflanzzeit ist im Oktober.

Zierlauch, *Allium*
Anemonen, *Anemone blanda*
Präriekerze, *Camassia*
Schneestolz, *Chionodoxa*
Krokus, *Crocus*
Winterling, *Eranthis*
Hundszahn, *Erythronium*
Kaiserkrone, *Fritillaria*
Hyazinthe, *Hyacinthus*
Zwiebeliris, *Iris histroides, Iris danfordiae, Iris reticulata*
Holländische Iris, *Iris × hollandica*
Märzbecher, *Leucojum*
Lilien, *Lilium*
Traubenhyazinthen, *Muscari*
Narzissen, *Narcissus*
Milchstern, *Ornithogalum*
Glücksklee, *Oxalis*
Puschkinie, *Puschkinia*
Blausternchen, *Scilla*
Tulpen, *Tulipa*

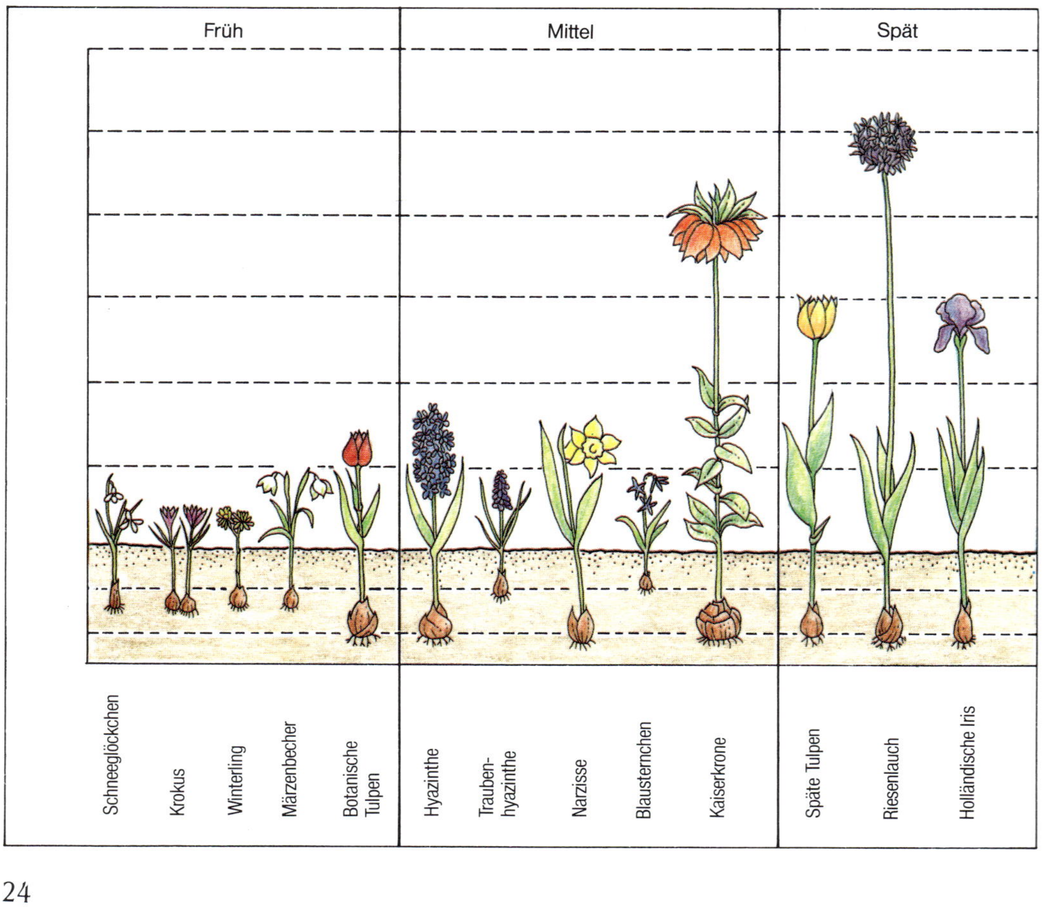

Sommerblüher, die von März bis April gepflanzt werden

Kronenanemone, *Anemone coronaria*
Hakenlilie, *Crinum*
Montbretie, *Crocosmia*
Alpenveilchen, *Cyclamen*
Schopflilie, *Eucomis*
Sommerhyazinthe, *Galtonia*
Gladiolen, *Gladiolus*
Lilien, *Lilium*
Ranunkeln, *Ranunculus*

Sommerblüher, die man (wegen der Eisheiligen) besser ab Mitte Mai pflanzen sollte

Sterngladiole, *Acidanthera*
Indisches Blumenrohr, *Canna*
Dahlien, *Dahlia*
Ruhmeskrone, *Gloriosa*
Schönhäutchen, *Hymenocallis*
Knollenbegonien, *Begonia*
Jakobslilie, *Sprekelia*
Tigerlilie, *Tigridia*

Für einige Blumenzwiebeln empfiehlt sich eine Pflanzung im August

Herbstzeitlose, *Colchicum*
Crocus, herbstblühende Arten
Lilienschweif, *Eremurus*
Madonnenlilie, *Lilium candidum*
Goldkrokus, *Sternbergia*

Krokusse und Schneestolz (oben). Einfach blühende Dahlien in einem Blumenbeet (unten).

Blumenzwiebeln für Balkonkästen und andere Pflanzgefäße

Wer schon im Februar/März und erst recht im April Blüten auf dem Balkon haben möchte, der pflanze Hyazinthen, Botanische Tulpen, Narzissen, Krokusse und andere Kleinblumenzwiebeln in Balkonkästen oder andere Pflanzgefäße. Um die Geranien und die übrigen Balkonpflanzen zur Blumenzwiebelpflanzzeit nicht zu stören, nehmen wir neue Pflanzgefäße, auch darum, weil die Blumenzwiebeln (wie im Garten) solange nicht herausgenommen werden dürfen, bis die Blätter vergilben, die Pflanzen also ihre Entwicklung abgeschlossen haben.
Die meisten Blumenzwiebeln stammen aus trockenen, sommerheißen Steppen. Sie bleiben sonst, wenn der Balkonkasten durch die Herbstsonne noch zu warm wird, im sommerlichen Ruheschlaf und bilden keine Wurzeln. Gute Bewurzelung ist aber für das Wachstum im Frühjahr entscheidend, da die Blumenzwiebeln dann nur noch Wasser brauchen, alles andere bringen sie in der Zwiebel mit. Blumenkästen für Zwiebelblumen sollten nicht zu klein und mit Wasserabzugslöchern ausgestattet sein, über denen eine etwa 3 cm hohe Drainageschicht aus Kies oder Topfscherben liegen sollte, um Wasserstaus zu vermeiden. Die stets frische Erde (Balkonpflanzerde aus dem Fachgeschäft) muß sich vor dem Pflanzen noch 1–2 Tage setzen, damit die Zwiebeln und Knollen einen festen Halt haben.

Pflanzung

Dann werden in der vorgeschriebenen Tiefe (5–8 cm) zuerst die Kleinblumenzwiebeln gelegt und fest angedrückt, und zwar immer gleich zu mehreren, wenigstens 3–5 Stück einer Art und Sorte. Anders als im Garten kommen die Zwiebeln der Tulpen, Narzissen und Hyazinthen nur so tief in die Erde, daß ihre Spitzen gerade noch aus der Erde herausschauen. Alle Zwiebeln werden in den Blumengefäßen auch dichter gelegt als im Garten. Man muß nur aufpassen, daß die großblättrigen Tulpen die zierlichen Winterlinge, Krokusse oder die anderen Kleinen nicht behindern oder zudecken. Anschließend wird angegossen.

Auf der Terrasse oder auf dem Balkon kann es aus vielen Töpfen blühen.

Überwinterung

Nun zum Überwinterungsproblem.
1. Möglichkeit: Die Kästen oder Schalen in eine Ecke auf dem Balkon, der Terrasse oder in der Garage aufstellen, handhoch mit feuchtem Rindenmulch abdecken und bei Frost mit Säcken oder dicken Plastikfolien zudecken.
2. Möglichkeit: Eine Holzkiste zimmern, diese innen mit Hartschaumplatten frostsicher isolieren, auf den Boden 5 cm hoch Torf oder Rindenmulch ausbringen, Gefäße hineinstellen, mit 10 cm hoher Torfschicht abdekken und Deckel drauf. Diese Überwinterungsform ist die sicherste; die Kiste kann jedes

Im Fensterkasten: *Muscari*, Hyazinthen, *Scilla* und Stiefmütterchen.

Jahr wieder verwendet werden. In geheizten Kellern ist eine Aufstellung der Gefäße nicht möglich.
Wichtig ist den ganzen Winter über das Überprüfen der Erde in den Kästen nach dem Feuchtigkeitsgehalt; in trockener Erde sitzende Blumenzwiebeln wachsen nicht. Etwa Ende Februar bis Anfang März sind dann die ersten Triebspitzen zu sehen. Dann holen wir die Pflanzgefäße aus ihrem Einschlag und stellen sie dort auf, wo wir sie haben möchten.

Arten für Balkonkästen

Ihre Bewährungsprobe in Pflanzgefäßen haben bestanden: Strahlenanemone *(Anemone blanda)*, verschiedene Farben, Höhe 10 cm, Blütezeit März/April;
Schneeglanz, blau, 10–15 cm, März/April;
Krokusse, verschiedene Farben, 10-12 cm, März;
Winterling *(Eranthis)*, gelb, 8–10 cm, Februar/März;
Schneeglöckchen, weiß, 15 cm; die Zwiebel-Iris *(Iris danfordiae)*, gelb, 10 cm, Februar/März und *Iris reticulata*, dunkelblau, 15–20 cm, Februar/März;
Zwerg- und Wildnarzissen in verschiedenen Sorten und Arten, gelb, 10–20 cm, April/Mai;
Blaustern *(Scilla)*, blau, 15 cm, März/April;
Botanische Tulpen wie *Tulipa fosteriana, T. greigii, T. kaufmanniana* in vielen Sorten und Farben, je nach Art und Sorte 15-20 cm und unterschiedlicher Blütezeit von März/April.

Wer sich die doch recht umständliche Prozedur der Anzucht von Blumenzwiebeln für Pflanzgefäße ersparen will, der kaufe im Frühjahr blühende Hyazinthen, Tulpen, Krokusse, *Musari* und *Scilla* in Töpfen.

Blumenzwiebeln für die Wohnung

Von November bis in den März hinein bieten Floristen und Garten-Center blühende Tulpen, Narzissen, Hyazinthen und Krokusse an, die in Gewächshäusern »angetrieben«, ein vorzeitiges Frühlingserwachen in der Wohnung bieten. Was die Gärtner können, gelingt auch dem Blumenfreund: die Blumenzwiebeltreiberei mit einfachen Mitteln.

Welche Blumenzwiebeln angetrieben werden können

Hyzinthen sind am einfachsten heranzuziehen, aber praktisch kann jede Blumenzwiebel vorzeitig zur Blüte gebracht werden: Tulpen, Narzissen, Krokusse, Traubenhyazinthen, *Scilla,* Zwiebeliris, Anemonen und Puschkinien. Das bedeutet aber nicht, daß sich jede Sorte dazu gleich gut verwenden läßt. Die Auswahl ist jedoch groß. Man sollte sich aber möglichst an solche Sorten halten, die für die Treiberei geeignet und in den Fachgeschäften als solche ausgewiesen sind. Zwiebeln mit Narben, Verletzungen oder weichen Stellen eignen sich nicht. Beim Einkauf ist auch zu beachten: je größer die Zwiebel, um so schöner die Blüte.

Pflanzgefäß und Erde

Als Pflangefäß kann so gut wie alles genommen werden, was sich mit Erde füllen läßt. Die Behälter sollen nur mindestens zweimal so tief sein wie die Zwiebeln dick sind. Wir nehmen mindestens 12–15 cm tiefe Ton- oder Kunststoff-Töpfe oder Blu-

Märzenbecher, Narzissen, Krokusse, Hyazinthen und Tulpen im Zimmer.

menschalen mit Abzugslöchern, legen ein paar zerkleinerte Tontopfscherben in diese Gefäße und füllen sie mit fertiger Blumenerde, die gut angefeuchtet wird.
Geeignet sind die im Handel erhältlichen Aussaaterden, die fast alle vorgedüngt sind. Mit zusätzlichen Düngegaben (10 g Volldünger auf 1 kg Erde) wird erreicht, daß die »angetriebenen« Zwiebeln, im Garten später ausgepflanzt, wieder blühen. Sonst haben sie sich erschöpft.
Dann setzen wir die Zwiebeln mit einem leichten Druck in die Erde, zwar dicht, aber so weit auseinander, daß sie sich weder gegenseitig noch das Pflanzgefäß berühren. Die Spitzen der Zwiebeln sollen mit dem Rand des Behälters abschließen.
Einige Beispiele: In einem Blumentopf von 16 cm oberem Durchmesser passen 6 Tulpen oder 15 Krokusse.
Bei Kleinblumenzwiebeln soll möglichst dicht gepflanzt werden. Bei Hyazinthen empfiehlt es sich, sie in Gruppen zu 3, 5 oder 7 Zwiebeln in einen Topf zu setzen. Auch Narzissen kommen truppweises (5 oder mehr) in die Gefäße.
Dann wird das Gefäß mit Erde weiter aufgefüllt und diese mit den Fingerspitzen angedrückt, damit die Zwiebeln fest stehen. Anschließend gießen.
Danach müssen die Blumenzwiebeln Wurzeln bilden, was etwa 3 Monate dauert. Diese Wurzelbildung findet stets im Dunkeln statt! Dazu stellen wir Gefäße in einen möglichst kühlen (+5 bis +10 °C, nie wärmer), aber frostfreien, gut durchgelüfteten Keller oder eine frostfreie Garage. Manche Blumenfreunde stellen die Gefäße auch in eine geschlossene, mit Torf oder Rindenmulch gefüllte Kiste auf den Balkon – mit gutem Erfolg.
Wichtig: Die Pflanzgefäße regelmäßig gießen, aber nicht so viel, daß die Erde triefend naß ist!

Überwinterung im Frühbeetkasten

Die Wurzelbildung kann auch in einem ungeheizten Frühbeet oder im Garten erfolgen. Dazu stelle man die Gefäße in eine etwa 30 cm tiefe Grube und decke sie etwa 20 cm mit Erde zu, damit der Frost nicht eindringen kann. Gegossen wird weiterhin, bis die Erde gefroren ist. Dann sollte eine weitere Schicht aus Tannenzweigen oder Laub darauf gelegt werden, damit die Erde nicht austrocknet. Denn Trockenheit gefährdet das Leben der Pflanzen genauso wie Kälte.
Nach etwa drei Monaten sind die Blumenzwiebeln zum Treiben fertig, manchmal sogar etwas früher, was daran zu erkennen ist, daß die Triebe etwa 5 cm lang geworden sind. Dann kommen die Töpfe in einen halbdunklen Raum, der nicht wärmer als +15 °C ist. Eine Woche später dürfen sie endlich ans Tageslicht und in die Wärme. Nach 2-3 Wochen kann mit der Blüte gerechnet werden.

Hyazinthen auf Gläsern

Höchste Blumenzwiebelfreuden im Zimmer bereiten die herrlich duftenden Hyazinthen, die am liebsten, weil am einfachsten, auf durchsichtige Hyazinthengläser gesetzt werden. Man

kauft sich möglichst große Zwiebeln und reinigt den Zwiebelboden von abgestorbenen Wurzelresten. Das geht prima mit einer Nagelbürste.
Dann wird das typische Hyazinthenglas (gibt's im Gartenfachgeschäft) bis etwa 0,5 cm unter dem Zwiebelboden mit Wasser gefüllt. Enthärtetes, abgestandenes oder abgekochtes Wasser bekommt den Zwiebeln am besten. Zur Fäulnishemmung ist dem Wasser etwas Holzkohle zuzufügen, im Notfall tut es auch ein abgebranntes Streichholz.
Das Glas mit der einzelnen Zwiebel stellt man nun mit dem Hyazinthenhütchen an einen dunklen, kühlen Platz.
Die ideale Temperatur liegt bei rund 10–12 °C. Nach 2–3 Tagen müßten die Wurzeln das Wasser erreicht haben.
Von Zeit zu Zeit wird verdunstetes Wasser ersetzt, bei Eintrübung ganz erneuert. Nach 12 Wochen (wenn die Wurzeln das Glas ausfüllen und man die Blütenknospen fühlen kann), haben sich die Wurzeln so weit entwikkelt, daß man die Gläser an einen hellen, warmen Platz stellen und zur Blüte bringen kann. Die Hütchen werden abgenommen, wenn die ersten Blütenknospen sichtbar werden.

Wassernarzissen sorgen für herrlichen Blütenduft in der guten Stube.

Ganz einfach: Hyazinthen auf Gläser ziehen.

Bald wird dann die Geduld mit schöner Blütenpracht und dem berühmten Frühlingsduft der Hyazinthe belohnt. Die zur Treiberei benutzte, präparierte Hyazinthen-Zwiebel kann man nicht noch einmal verwenden, denn sie hat ja ohne jede Nährstoffzufuhr eine Blüte hervorgebracht, wobei sich die Zwiebel völlig verausgabt hat.
Weniger als die Namen der Sorten ist für den Einkauf wichtig, daß die Zwiebeln möglichst einen Umfang von 18 cm aufweisen und für die Treiberei vorbereitet (»präpariert«) sind. Bei Hyazinthen spielt die Größe

allein schon deshalb eine Rolle, weil sie die Kraft einer großen Zwiebel brauchen, um die vielen Einzelblüten auszubilden, die im Glas alle mit wenig Wasser und Nährstoffen entstehen.

Wassernarzissen: Anzucht ohne Probleme

Hier eignen sich besonders die duftenden Wassernarzissen: Diese sogenannten Tazetten-Hybriden werden zu dritt oder zu fünft in flachen kiesgefüllten Schalen aufgesetzt. Wasser wird bis zum Zwiebelboden aufgefüllt und laufend nachgegossen. Der Standort ist gleich von Anfang an genügend hell, die Temperatur zunächst nicht über 12 °C. Zu warmer Stand führt zu überlangen Stengeln. Mit dem Erscheinen der Blütenstiele kann die Temperatur dann höher sein. Übrigens, Wassernarzissen blühen und wachsen auch in reinem Sand und feuchtem Moos. Es ist die einfachste Art, Blumenzwiebeln am Zimmerfenster heranzuziehen.

Blütezeitkalender

Frühlingsblüher*	Januar	Februar	März	April	Mai	Juni	Juli	Seite
Alpenveilchen *(Cyclamen)*[1]	■	■						52
Schneeglöckchen *(Galanthus)*		■	■					56
Winterling *(Eranthis)*		■	■					53
Zwerghyazinthe *(Puschkinia)*			■					61
Krokus[1] *(Crocus)*			■	■				46
Frühlingsstern *(Ipheion)*			■	■				57
Märzenbecher *(Leucojum)*			■	■				59
Schneestolz *(Chionodoxa)*			■	■				51
Blausternchen *(Scilla)*			■	■	■			62
Wildtulpen[1] *(Tulipa)*			■	■	■			34
Narzissen[1] *(Narcissus)*			■	■	■			40
Windröschen *(Anemone)*[1]			■	■	■			50
Gartentulpe[1]			■	■	■	■		32
Zwiebeliris *(Iris)*[1]			■	■	■	■		58
Kaiserkrone *(Fritillaria)*			■	■	■			54
Hyazinthen *(Hyacinthus)*				■	■			44
Schachbrettblume *(Fritillaria)*				■	■			55
Traubenhyazinthe *(Muscari)*				■	■			60
Hundszahn *(Erythronium)*[1]				■	■			53
Präriekerze *(Camassia)*[1]					■	■	■	50
Zierlauch *(Allium)*[1]					■	■	■	49

* Bei den Blütezeiten können nur Mittelwerte angegeben werden. Je nach klimatischen Verhältnissen verschieben sie sich um Tage oder auch um Wochen.

[1] Es wurden mehrere Arten oder Sorten von dieser Gattung zusammengefaßt. Die einzelnen Arten oder Sorten blühen jeweils nur in einem kürzeren Zeitraum.

Die schönsten Frühlingsblumen

Tulpen
Tulipa

Ein langes Garten-Leben ist nötig, um die ganze Vielseitigkeit der großen Tulpenfamilie kennenzulernen. Hunderte Arten und Sorten in Farben von Schneeweiß bis fast Schwarz, in einer Fülle reizvoller Farbschattierungen und unterschiedlicher Formen können jeden Garten vom Vorfrühling bis zum frühen Sommer mit einem vielbewunderten Blütenleben erfüllen. Die frühen, niedrigen Tulpen decken mit leuchtenden Blüten und oft farbigen Blättern die Erde zu, die mittelfrühen mit schon längeren Stielen und die späten höherwachsenden liefern Vasenblumen in Hülle und Fülle. Was nicht ausschließt, daß sie auf Beeten und Rabatten – von der Knospe bis zum Verblühen – farbenprächtige Hauptrollen auf der Blütenbühne des Frühlings spielen.
Auf keine Art und Sorte sollte man verzichten, sondern alle mal nach und nach ausprobieren. Es empfiehlt sich, Tulpen wie andere Gartengewächse zu pflanzen: nicht in Reih und Glied auf abgezirkelten Beeten, sondern gruppenweise auf Beete und Rabatten, in Stein- und Vorgärten vor Gehölzen oder in Blumenschalen und Trögen. Tulpen sind zudem außerordentlich problemlos und wachsen in jedem normalen Gartenboden oder – bei Pflanzgefäßen – in jeder abgepackten Blumenerde.
Beim Altmeister der Staudengärtner, Karl Foerster, ist zu lesen, daß ein Garten ohne Tulpen ein Garten ohne Frühling sei. Da mag mancher Gartenfreund protestieren, doch die kräftigen Frühlingsfarben nach den düsteren Wintermonaten bringen erst die Tulpen in unsere Gärten.

Standort, Pflanzung, Pflege

Tulpen gedeihen in jedem Gartenboden, der durchlässig und nicht zu schwer ist. Plätze, wo der Regen nicht abfließen kann, wo der Boden sauer ist, wie im Moor, behagen ihnen dagegen ganz und gar nicht. Schwach sauer bis neutral darf er sein; mit einem pH-Wert von 6,0–7,0 sind die Tulpen zufrieden. Wo sie nicht recht vorankommen, sollte man Kompost mit Sand mischen, etwa im Verhältnis 5:1; dann gibt es keine Probleme.
Frischer Dünger wie Stallmist ist Gift für die an sich anspruchslosen Steppenpflanzen, dagegen sind Hornmehl, Guano und andere organische Dünger zu empfehlen, die im Herbst und im Frühjahr vor der Blüte ausgestreut werden. Gut geeignet sind auch die abgepackten, im Fachhandel erhältlichen Komposterden, ein gefundenes Fressen für die für den Boden so wichtigen Kleinlebewesen.
Man sollte vermeiden, Tulpen dort zu pflanzen, wo bereits welche standen, also eine Art »Fruchtwechsel« betreiben, weil der Boden tulpenmüde werden kann. Gepflanzt wird etwa 8 cm tief und so früh wie möglich, am besten im September, spätestens Ende Oktober, damit die Zwiebeln noch vor dem Winteranfang möglichst viele Wurzeln bilden können. Tulpen wachsen am besten bei Temperaturen um +9 °C. Ansonsten sind Tulpenzwiebeln völlig winterhart, wenn auch eine wärmende Decke aus Rindenmulch oder Laub in exponierten Lagen angebracht ist.
Tulpen dürfen mehrere Jahre lang in der Erde bleiben, vorausgesetzt, sie wachsen an sandigen, sommertrockenen Plätzen, wie zwischen Rosen und Stauden, vor Hecken und anderen Gehölzen, dort, wo die Zwiebeln abtrocknen können. Anderenfalls empfiehlt es sich, die Zwiebeln nach dem Vergilben der Blätter (nie in grünem Zustand!) auszugraben, trocken zu lagern und zu putzen. Dabei sind die kleinen Brutzwiebeln genauso zu entfernen wie die Stiele und Wurzeln.
Damit keine Zwiebel verletzt wird, sollte beim Ausgraben anstelle eines Spatens eine Gra-

begabel zum Einsatz kommen, mit der nicht nur die Zwiebeln, sondern auch die Regenwürmer und andere Bodentiere geschont werden.

Monatelanger Tulpen-Frühling

Wer beim Einkauf der Tulpenzwiebeln auf die Blütezeiten der einzelnen Gruppen achtet, kann sich von März bis Juni an blühenden Tulpen erfreuen. Zu den ersten gehören die Fosteriana-, Kaufmanniana- und Greigii-Tulpen und die einfachen frühen und gefüllten Sorten. Anschließend blühen die höherwachsenden Triumpf- und Darwin-Hybrid-Tulpen, gefolgt von den eleganten Lilienblütigen, den Papagei-, und späten einfach- und gefüllt blühenden Tulpen. Man sollte sich diese Reihenfolge merken oder, noch besser, sie für den Einkauf oder die Bestellung extra auf einen Zettel schreiben, damit es ohne Pause im Tulpengarten blüht. Mit geschickter Auswahl der Pflanzstellen lassen sich aber doch Verschiebungen der Blütezeit bei allen Tulpen erreichen. Eine geschützte Stelle, die jeden Frühlingssonnenstrahl einfängt, läßt die Tulpen zwei bis drei Wochen früher erblühen als die Zwiebeln, die auf der kühlen Nordseite des Hauses gelegt wurden. Zu berücksichtigen ist immer, daß Tulpen im Frühjahr nach der Pflanzung etwas später blühen als in den Folgejahren. Ein Tulpenfrühling kann

Tulpen wirken am schönsten, wenn sie in größeren Mengen gepflanzt werden.

also schon sehr früh im Frühjahr beginnen und bis zum Sommeranfang dauern.

Die Klassen der Tulpen

Die Klassen-Einteilung der Tulpen erfolgt nicht nach Blütenformen wie beispielsweise bei Dahlien, sondern nach Blütezeiten. Diese Klassifizierung, vorgenommen von der Koninklijke Algemeene Vereenigung voor Bloembollenkultur in Hillegom/ Holland und der Royal Horticultural Society in London, wird ständig überprüft und verändert. Aus der Vielzahl der Sorten werden in den nachfolgenden Klassen-Beschreibungen nur einige genannt, die typisch sind für ihre Gruppe und die schon in vielen Gärten ihre Bewährungsprobe bestanden haben. Was nicht ausschließt, daß andere Sorten genauso schön und gartenwürdig sind. Hier muß der Gärtner selbst ein wenig experimentieren.

Frühblühende
1. Einfache frühe Tulpen
2. Gefüllte frühe Tulpen

Mittelfrühblühende
3. Triumpftulpen
4. Darwin-Hybrid-Tulpen

Spätblühende
5. Einfache späte Tulpen (dazu gehören die früheren Darwin- und Cottage-Tulpen)
6. Lilienblütige Tulpen
7. Gefranste Tulpen
8. Viridiflora-Tulpen
9. Rembrandt-Tulpen
10. Papageien-Tulpen
11. Gefüllte späte Tulpen

'Prince Carneval', eine einfache, frühe Tulpe.

Wildtulpen (Botanische Tulpen)
12. Kaufmanniana-Tulpen
13. Fosteriana-Tulpen
14. Greigii-Tulpen
15. Sonstige Wildtulpen (reine botanische Arten)

Einfache frühe Tulpen
Blühen ab Mitte April. Eignen sich mit 30–40 cm hohen Stielen besonders für Blumenbeete, aber auch für Pflanzgefäße. Bekannte Sorten sind: 'Apricot Beauty', zartes Aprikosenrosa; 'Brilliant Star', leuchtend scharlachrot, in der Mitte gelbschwarz; 'Charles', scharlachrot mit gelber Mitte; 'Prince Carneval', gelbe Blüte, rot geflammt (hervorragende Schnittblume).

Gefüllte frühe Tulpen
Die 25–30 cm hohen Tulpen sollte man dicht bei dicht pflanzen, sonst ergibt es kein so schönes Bild. Für größere Blumenbeete und Pflanzengefäße zu empfehlen. Blütezeit: April. Empfehlenswerte Sorten: 'Mr. van der Hoef', gelb; 'Murillo', weißlich-rosa; 'Orange Nassau', orangerot; 'Peach Blossom', rosa; 'Berlin', rotgelb; 'Willemsord', rot-weiß gerändert.

Triumpf-Tulpen
Ende April/Anfang Mai (etwa 10 Tage vor den Darwin-Hybriden) ist mit der Blüte der auf stabilen, etwa 40–50 cm hohen Stielen stehenden Triumpf-Tulpen zu rechnen. Darunter befinden sich zahlreiche zweifarbige Sorten wie die bekannte 'Lustige Witwe', rot mit weißem Rand;

tief violett ist 'First Lady' und goldgelb 'Prelude'; gartenwürdig auch: 'Paul Richter', geraniumrot; 'Pax', reinweiß; 'Prince Charles', purpurviolett und 'Kees Nelis', blutrot.

Darwin-Hybriden
Hier findet der Tulpenliebhaber die schönsten und großblumigsten Sorten, die aus Kreuzungen zwischen Darwin-Tulpen, die früher eine eigene Klasse bildeten, und Fosteriana-Hybriden entstanden sind. Das Ergebnis ist geradezu sensationell. Fast alle blühen Ende April/Anfang Mai an besonders kräftigen Stielen. Auch aus diesem Grunde gehören sie zu den besten Schnittblumen-Tulpen. Für Furore sorgten die 'Apeldoorn'-Sorten: wie 'Apeldoorns Elite' mit roten, gelb geflammten; 'Beauty of Apeldoorn' mit goldgelben, hellrot überhauchten Blüten und 'Golden Apeldoorn', die tiefgoldgelb blüht. Sehenswert sind auch die mittlerweile genauso berühmten 'Elisabeth Arden', tieflachsrosa, 'Gudoshnik', mit gelb und roter Musterung; die signalrote 'Parade'; die orangerote 'Oxford' und 'Vivex' mit karminroten Blüten, die von einem gelborangefarbenen Rand eingerahmt sind, eine Spitzensorte!

Einfache späte Tulpen
In dieser Klasse werden die früheren Darwin- und Cottage-Tulpen geführt. Sie blühen etwa ab Mitte Mai mit 60–75 cm hohen kräftigen Stielen und mittelgroßen Blüten, die sich für den Blumenschnitt eignen. Tulpenliebhaber pflanzen sie noch, obwohl sie von den sogenannten Darwin-Hybriden in Blütengröße und Farbschönheit überholt wurden.

Gefüllte frühe Tulpe 'Orange Nassau' (links). Schön großblumig: die Darwin-Hybriden (rechts).

Lilienblütige Tulpen
Die bis zu 70 cm hohen Lilienblütigen blühen ab Mai mit spitzen, zurückgebogenen, schlanken Blüten. Sie sind die elegantesten Tulpen, die es gibt, wirken prächtig in Gruppen in Blumenbeeten, an Wegesrändern und in Steingärten. Bemerkenswert ist auch die Haltbarkeit in der Vase. Wer Tulpen pflanzt, sollte diese auf keinen Fall vergessen. Sorten gibt es in wundervollen Farben: 'China Pink', samtrosa; 'Aladin', gelb, rot gerandet; 'Mariette', altrosa; 'Maytime', rosalila, weißer Rand; 'Queen of Sheba', braunrot,

Die hübschen Viridiflora-Tulpen blühen besonders lange: etwa drei Wochen.

orangefarbener Rand; 'West Point', leuchtend gelb; 'White Triumphator', reinweiß.

Gefranste Tulpen

Die meisten gefransten Tulpen, auch Crispas genannt, blühen spät, etwa Anfang Mai (einige schon im April), und zwar fast alle in roten Farbtönen. Die Blüten sehen aus wie Cocktailgläser, deren Ränder in Zucker getaucht sind.
Sehr schöne gefranste Tulpen sind: 'Arma', früh, rot; 'Fringed Beauty', gefüllt, zinnoberrot, gelber Rand; 'Burgundy Lace', spät, weinrot; 'Fringed Apeldoorn', mittelfrüh, rot; 'Maja', spät, gelb und 'Blue Heron', spät, purpurviolett.

Viridiflora-Tulpen

Die Viridiflora-Tulpen sind aus der botanischen Sorte *Tulipa viridiflora* und einfachen späten Tulpen entstanden. Von der Art blieb das Merkmal erhalten, daß große Teile der Blüte grün sind. Die Form erinnert an die der einfachen späten Tulpen: die Blütenblätter sind spitz und ähneln ein wenig den lilienblütigen Tulpen. Bemerkenswert ist ihre lange Blühperiode: drei Wochen sind keine Ausnahme.

Sie werden unterschiedlich hoch und wirken im Frühlingsblumenbeet ein bißchen extravagant. Man sollte sie mehr als Schnittblumen verwenden.
Die Sorten heißen: 'Artist', lachsrosa und grün; 'Golden Artist', goldgelb mit breiten grünen Streifen; 'Greenland', grün mit rosa Rändern; 'Hummingbird', kräftig gelb und grün geflammt; 'Pimpernel', dunkelrot und grün geflammt, die Ränder gewellt.

Rembrandt-Tulpen

Früher sehr beliebt, werden diese bunt gestreiften Darwin-Tulpen heute kaum mehr angeboten. Die Blüten sind rot-weiß, lachs-orange-rot, rot-gelb geflammt und gestreift, so wie man sie von den Gemälden alter holländischer Maler her kennt.
Die Färbung der Blüten ist durch Virusbefall entstanden. Da diese zweifarbig getönten Tulpen alle virusinfiziert sind, sollte man sie nicht mit anderen zusammenpflanzen, damit keine Infektion durch Blattläuse möglich ist.

Papagei-Tulpen

Papagei-Tulpen sind bizarr gescheckt und gezeichnet, mit einfarbigen oder kunterbunten Blüten: 65 cm hoch, blühen sie von Mitte April bis Mitte Mai.

Sie gehören aufs Schnittblumenbeet, da die großen Blüten sich nach einem Regen umlegen und dann keinen besonders schönen Anblick mehr bieten. Trotzdem gehören sie in eine Tulpensammlung.
'Karel Doormann' ist die früheste mit ihren kirschroten, gelb gerandeten Blüten, dann folgen einige 'Parrot-Sorten' (parrot = Papagei) in reinem Weiß, Purpurschwarz, Violett oder leuchtendem Rot. 'Texas Flame' hat gelbe, rot geflammte Blüten; die von 'Orange Favourite' sind orangefarben mit gelben Flecken. Einfach blutrot blühen die 'Red Champions' und rotweiß 'Estella Rijnveld'.

Gefüllte späte Tulpen
Wegen der Fülle der Blütenblätter nennt man die Vertreter dieser Gruppe auch paeonienblütige oder Pfingstrosentulpen, was nicht unbedingt ein Kompliment zu sein braucht. Etwa 40–65 cm hoch, taugen sie mehr als Schnittblumenlieferanten, denn als Buntmacher für Beete und Rabatten. Aber sie haben auch ihre Freunde, vor allem diese Sorten kommen gut an: 'Bonanza', rot mit gelbem Rand, 40 cm; 'Orange Nassau', orangerot mit gelbem Saum, 45 cm; 'Gold Medal', goldgelb, 40 cm; ' Symphonia', 65 cm; 'Uncle Tom', schwarzrot, 50 cm.

Botanische Tulpen

Die Bezeichnung »Botanische Tulpen« hat heutzutage eigentlich keine rechte Gültigkeit mehr. Sind doch von den einstmals reinen Arten der Wild- oder eben botanischen Tulpen genauso viele Namenssorten gezüchtet worden wie von den anderen Gartentulpen, von denen die wenigsten echte »botanische Eltern« vorweisen können.
Deshalb erscheint eine Erklärung wichtig: Unter der Bezeichnung Botanische Tulpen werden die Abkömmlinge der Arten *Tulipa kaufmanniana, T. fosteriana, T. greigii* zusammen mit *T. praestans* geführt. Das waren einmal in der freien Natur gefundene, botanisch selbständige Arten. Die meisten stammen aus den Ländern rund um das Mittelmeer, von den Bergregionen des Schwarzen und des Kaspischen Meeres.

Kaufmanniana-Sorten
Die Vertreter dieser Gruppe, die auch Seerosentulpen genannt werden, besitzen besonders schöne Blüten, die bereits im März an 20–25 cm hohen Stielen erscheinen. 'The First', eine Sorte mit großen karminroten Blüten mit weißem Rand blüht, wie der Name sagt, als erste der »Botanischen«.

Schlanke Blütenstiele zeichnen die Lilienblütigen Tulpen, hier 'China Pink', aus.

Zweifarbige Blüten auf kurzen Stielen, typisch für Greigii-Tulpen.

Bei diesen Tulpen sind nicht nur die Blüten, sondern auch die Blätter hübsch anzusehen: manche sind gestreift, andere gefleckt. Sehr wertvolle Sorten sind unter anderem 'Giuseppe Verdi', rot mit gelbem Rand, 'Heart's Delight', außen karminrot, innen cremefarben; 'Johann Strauß', rot, Innenseite weiß, weißer Rand und 'Stresa', gelb mit roten Flecken.

Fosteriana-Sorten

Die Fosterianas haben wohl die großblumigsten und wirkungsvollsten Sorten aller »Botanischen« zu bieten. Schon Ende März beginnt das Blühen, erreicht seinen Höhepunkt aber erst Mitte April. Die schönste und berühmteste ist 'Madame Lefeber' ('Red Emperor') mit großen, edel geformten, roten Blüten, die ganz oben in der Rangliste aller Tulpensorten steht. 'Purissima' ('White Emperor') ist das weiße Pendant zur 'Lefeber'. 'Candela' und 'Yellow Express' blühen zitronen- bzw. goldgelb und 'Princeps' hellrot.

Greigii-Sorten

Sie blühen etwas später als die Fosteriana-Sorten. Die meisten ab Mitte April, bei kühlen Temperaturen auch erst Anfang Mai. Auch ihre Blätter sind bemerkenswert gestreift und gefärbt. Sie werden je nach Sorte 20–35 cm hoch. Zu den bekanntesten zählen: 'Cape Cod', orangerot mit gelb, 'Oriental Splendour', rot, schöne Blütenform; 'Plaisir', cremeweiß mit zinnoberroten Streifen; 'Red Riding Hood', signalrot, große Blüte, schöne Blattzeichnung und 'Toronto', hellachsfarben, 2–3 Blüten pro Stiel, 30 cm hoch.

Praestans-Sorten

Gewissermaßen ein systematisches Eigenleben führen die Sorten der Praestans-Gruppe. Es handelt sich eigentlich nur um zwei erwähnenswerte Sorten: um die beliebte *Tulipa praestans* 'Füsilier' mit hellroten Blüten, die zu mehreren an einem 25 cm hohen Stil sitzen. Sie erscheinen im April. Orangescharlach glühen die Blüten der Sorte 'Tubergens Variety', die man in den Steingarten pflanzen sollte.

Wildtulpen

Die normale Vorstellung von einer Tulpe besteht in einer kelchförmigen Blüte, die auf einem geraden, 40–50 cm hohen Stiel steht. Für einen großen Teil der Tulpen-Sorten trifft diese Beschreibung zu, doch darüber hinaus gibt es noch eine Vielzahl Tulpen mit ganz anderen Blütenformen. Um die größten Unterschiede der äußeren Erscheinung zu erkennen, sollte man die Urform der Tulpe betrachten. viele dieser Urformen, man spricht von Wildtulpen oder botanischen Arten, gleichen den großblumigen Zuchtformen kaum noch.

Eine ganze Reihe dieser »Wilden« sind heute im Fachhandel erhältlich. Ihre Bedeutung steht hinter der der gewöhnlichen Gartentulpen zwar zurück, aber dennoch sind sie für bestimmte Gartenzwecke unersetzlich. Steingartenliebhaber beispielsweise, sind oft ganz versessen auf die kleinen Sorten, die noch ursprünglich aussehen und an denen sich der Mensch mit Auslese und Hybridisierung noch nicht »vergriffen« hat.

Anmutig und elegant: die Blüten der Damentulpe, *T. clusiana*.

Wildtulpen für Steingärten und naturnahe Gartenpartien

Name	Blütenform	Blütezeit	Höhe
Tulipa batalinii	gelb	April	15 cm
T. batalinii 'Orange Charme'	bronzerot	April	15–20 cm
T. clusiana sehr schön!	innen weiß außen rot	April	30 cm
T. clusiana var. *chrysantha*	gelb, außen rot	April	15–20 cm
T. eichleri	karminrot/gelb	April	25 cm
T. kolpakowskiana	gelb, außen tiefrosa	April/Mai	20 cm
T. montana	innen gelb, außen rot	Mai	12 cm
T. pulchella wegen der frühen Blüte sehr zu empfehlen	violettrosa	März	10 cm
T. sylvestris vermehrt sich rasch, sehr schön vor Gehölzen	goldgelb	April/Mai	30 cm
T. tarda (T. daystemon)	gelb/weiß 5 Blüten je Stiel	April	10 cm
T. turkestanica	cremegelb bis zu 9 Blüten je Stiel	März	15 cm
T. urumiensis	goldgelb sternförmig 3–5 Blüten je Stiel	April	12 cm

Wenngleich sich Wildtulpen vornehmlich für den Steingarten eignen, passen sie auch in die Rabatte, vorausgesetzt, man pflanzt sie an einen gut sichtbaren Platz. Wegen ihrer Ursprünglichkeit können sie vor allem auch naturnahe Gartenpartien im Frühjahr mit Leben erfüllen.
Die meisten Wildtulpen haben kleine, sternförmige Blüten auf kurzen Stielen und sind von einem guten Standort abhängig, damit sie unter oder zwischen größeren Stauden oder Sträuchern nicht untergehen. Bei einigen Sorten tragen die Stiele sogar mehrere Blüten. Ein ganz großer Vorteil dieser Wildtulpen ist, daß man sie über Jahre an derselben Stelle stehen läßt, da sie leicht »verwildern«.

Narzissen
Narcissus

Wer von Narzissen spricht, meint meistens Osterglocken, ohne die ein Frühling im Garten undenkbar ist. Sie werden auch Trompeten-Narzissen genannt und sind in mehreren Farben in reinem Gelb und Weiß und mit zweifarbigen Blüten zu haben. Sie machten die Narzissen-Familie weltberühmt. Es gibt aber noch eine ganze Anzahl anderer Arten und Sorten, die sicher, reich und lange blühen und die man einmal ausprobieren sollte. Verdient hätten sie es, die gefüllt-blühenden, die mehrfarbigen, die groß- und kleinkronigen und die Sorten mit mehreren Blüten an einem Stiel. Wunderschön ist das Farbenspiel. Gelb in vielen Abstufungen dominiert, oft in wirkungsvoller Verbindung mit weißen, orangefarbenen bis roten Tönen. Diese Vielfalt an stets ruhigen Narzissen-Farben macht diesen Frühjahrsblüher auch zu einer Schnittblume ersten Ranges.

Narzissen im Garten

Neben den hochwachsenden, großblumigen Sorten, die auch alte Gärten wieder jünger machen, sollte man an kleinbleibenden Arten nicht vorbeigehen, deren Charme nur noch von ihrer Anspruchslosigkeit übertroffen wird. Sie heißen Engelstränen- und Alpenveilchen-, Dichternarzissen und Tazetten, und eignen sich gleichgut für Steingärten, Pflanzgefäße, in Sumpfgärten, an Wasserbecken und für Plätze unter Sträuchern und Bäumen. Die kleinen wie die großen wachsen und blühen ungerührt in Sonne und Schatten, bei Dauerregen und anderen Witterungsunbilden. Ihre Bewährungsprobe bestanden sie auch als Farbtupfer in Blumenwiesen und Blumenrasen, vorausgesetzt, daß nicht vor Anfang Juni gemäht wird. Auf einen kurz geschnittenen Rasen, wo statt Gräsern gar nichts wächst oder Moos sich ansiedelt, könnten Narzissen diese unfreiwilligen Lücken füllen.

Standort, Pflanzung, Pflege

Es empfiehlt sich, Narzissen früh, am besten im September, spätestens Ende Oktober zu pflanzen, um so schöner blühen sie. Die Pflanztiefe richtet sich nach Art und Sorte und liegt zwischen 10–15 cm. Narzissen nie einzeln pflanzen, sondern stets zu mehreren, mindestens 3, besser 5 Stück (und mehr) einer Sorte. Das leidige Nichtmehrblühen läßt sich übrigens durch regelmäßige Teilung der Pflanzen im Juli vermeiden. Das kann alle 3–5 Jahre geschehen, je nach Blühwilligkeit der Narzissen, früher oder später. Dabei wird der gleiche Verjüngungs-Effekt wie bei Stauden erzielt. Der Boden für Narzissen sollte locker und humushaltig sein, was durch Beigaben von Kompost erreicht werden kann. Gedüngt wird mit organischen Düngern, vor der Pflanzung und im Februar/März, wenn die Narzissen die ersten Knospen zeigen. Narzissenzwiebeln sind gif-

tig, bleiben daher von freßlustigen Wühlmäusen verschont und werden auch selten von Krankheiten befallen. Sie können auch von sich behaupten, die dankbarsten und langlebigsten Blumenzwiebeln zu sein.

Schalennarzissen gibt es in ein- oder mehrfarbigen Sorten.

Arten und Sorten

So groß wie die Möglichkeiten der Gartenverwendung ist auch die Zahl der Arten und Sorten, die, wie bei den Tulpen, von der Royal Horticultural Society in London in Gruppen eingeteilt wurden. Alle Sorten können im Rahmen dieses Buches nicht genannt werden, auch, weil ständig neue hinzukommen. Angegeben sind deshalb nur bewährte und gruppentypische Sorten und Arten.

Trompetennarzissen (Osterglocken)

Höhe: 40–50 cm; Blütezeit: März bis April.
Blüten einfarbig gelb: 'Golden Harvest', 'King Alfred', 'Unsurpassable', 'Wrestler'. Blüten zweifarbig, Trompete gelb, Krone blaßgelb oder weiß: 'Covent Garden', 'Music Hall', 'Queen of the Bicolors'. Blüten zweifarbig, Trompete rosa, Krone weiß: 'Champagne', 'Lady Bird', 'Mrs. O. Backhouse', 'Pink Glory', 'Rosy Sunrise'. Blüten einfarbig, weiß: 'Beersheba', 'Brongshane', 'Mount Hood', 'Mrs. E. H. Krelage'.

Großkronige Schalennarzissen

Höhe: 40–50 cm, Blütezeit April bis Mai. In vier Farbgruppen erhältlich: 'Carlton', weißgelbe Krone, hellgelbe Blütenblätter; 'Flower Record', dunkelgelbe, feuerrot gesäumte Krone, weiße Blütenblätter; 'Ice Follies', hellgelbe, später verblassende Krone, außen weiß.

Groß- und kleinkronige Schalennarzissen mit hübschem weißem Blütenkranz.

Kleinschalige oder Tellernarzissen

Höhe: 35–45 cm, Blütezeit Ende April bis Anfang Mai, ebenfalls vier Farbgruppen: 'Verger', Schale rahmweiß mit gelbem Rand, Blütenkranz reinweiß; 'La Riante', Schale hellorange, Kranz reinweiß; 'Polar Ice', goldgelb getönte Schale, Blütenkranz weiß.

Gefülltblühende Narzissen

Höhe: 30–40 cm, Blütezeit April bis Mai; werden gern als Schnittblumen verwendet. Vor Regenschauern schneiden, da sie sonst umknicken: 'Yellow Cheerfulness', mehrblütig, goldgelb; 'Irene Copland', zartgelb, dicht gefüllt; 'Rip van Winkle', goldgelb, niedrigbleibend, erblüht spät.

Engelstränen-Narzissen (Triandrus-Narzissen)
Höhe: 25–60 cm, Blütezeit April bis Mai; für Steingärten und Pflanzgefäße geeignet; diese Miniatur-Narzissen mit ihren hängenden Blütchen brauchen Winterschutz: 'Hawera', 20 cm, 4–6 zitronengelbe Blüten je Stiel; 'Silver Chimes', 35 cm, 4–6 weiß-gelbe Blüten je Stiel; 'Thalia', 50 cm, 2–3 reinweiße Blüten je Stiel; 'Tresamble', 50 cm; 3 große weiße Blüten je Stiel.

Alpenveilchen-Narzissen (Cyclamineus-Narzissen)
Höhe: 10–40 cm; Blütezeit März bis April; reizvolle Miniatur-Trompeten-Narzissen für Steingärten: 'February Gold', 30 cm, frühblühend, goldgelb; 'Jack Snipe', 20 cm, schwefelgelbe Trompeten und cremeweißer Blütenkranz; 'Peeping Tom', 25 cm, auffallend lange, tiefgelbe Trompete; 'Tête-à-Tête', 15 cm, eine der kleinsten Narzissen überhaupt, blüht sehr früh (Februar), jeder Stiel hat 2, manchmal auch 3 Blüten mit langen und schmalen Trompeten (es ist die schönste Zwergnarzisse).

Duftnarzissen (Jonquillen)
Höhe: 20–50 cm, Blütezeit März bis Juni. Die Hybriden von *Narcissus jonquilla* tragen an schlanken Stielen 2–6 duftende Einzelblüten in verschiedenen Gelbtönen. Außer für Blumenbeete liefern die Duftnarzissen herrliche Schnittblumen und

Außergewöhnlich: die Reifrocknarzisse, *N. bulbocodium*.

empfehlen sich auch für die winterliche Treiberei. Im Garten ist unbedingt für Winterschutz zu sorgen. Sie sind manchmal etwas frostempfindlich: 'Lintie', 25 cm hoch, bringt je Stiel 2–3 gelbe Blüten, die von einem orangefarbenen Kranz umgeben sind; 'Sugarbush', 35 cm, besonders reich blühend, zitronengelbe, weißgerandete Blüten; 'Suzy', 30 cm, mit 2–4 außen zitronengelben und innen goldgelb gefärbten Blüten; besonders elegant und kräftig wachsend ist 'Trevithian', mit goldgelben intensiv duftenden Blüten.

Tazetten-Narzissen (Poetaz-Narzissen)
Höhe: 30–45 cm, Blütezeit April, Mai; bei den Tazetten sitzen 4–8 stark duftende Einzelblüten an einem Stiel, weshalb sie auch straußblütige Narzissen genannt werden. Im Garten brauchen sie einen warmen Platz und im Winter Schutz vor Frost. Sie sind wie die Jonquillen etwas empfindlich. Tazetten lassen sich als sogenannte Wassernarzissen leicht im Winter vortreiben (siehe Seite 31). Empfehlenswerte Sorten: 'Cheerfulness', besonders gut zum Treiben geeignet, 40 cm, weiß mit cremeweißer, gelb schattierter Mitte; 'Laurens Koster', 45 cm, reinweiß mit goldorangefarbenem Auge; 'Geranium', spätblühend, auf 40 cm hohen Stielen entwickeln sich 3–5 große Blüten mit weißem Blütenkranz und orangeroter Mitte; 'Scarlet Gem', goldgelber Blütenkranz, lebhaft rote, duftende Mitte; 35 cm hoch.

Dichter-Narzissen (Poeticus-Narzissen)
Höhe: 40–60 cm, Blütezeit Mai. Von Dichtern besungen und nach ihnen benannt, präsentieren sich diese duftenden Narzissen in der Blütenform als Muster der Vollkommenheit. Sie sind aber auch in ihrer Natürlichkeit wunderschön. Fast alle tragen je Stengel eine Blume, die ein sehr kleines, rotgerandetes Auge schmückt. Hier die besten: 'Actea', die großblumigste Sorte mit schneeweißem Blütenkranz und einem scharlachroten Auge; 'Old Pheasants Eye', duftende weiße Blütenblätter umgeben ein orangefarbenes Auge, spätblühend;

Es lohnt sich, die meist kerngesunden, von Mäusen verschmähten Narzissen so früh wie möglich zu pflanzen: Am besten im September bis Ende Oktober. Je früher die Zwiebeln in die Erde kommen, um so schöner blühen sie. Das gilt vor allem für die niedrigwachsenden und kleinblütigen Arten.

'Queen of Narcissi', reinweiß mit orangefarbenem, feuerrot gesäumtem Auge.

Wildnarzissen

Für naturnahe Gartenpartien, für Steingärten, aber auch für Pflanzgefäße eignet sich eine Reihe zauberhafter Wildnarzissen, die in gut sortierten Gartencentern und anderen Fachgeschäften, bei einigen Versendern, auf jeden Fall aber in Holland, erhältlich sind. Viele Arten und Sorten werden auch in England, wo man ungleich mehr Narzissen pflanzt als bei uns, angeboten.

Neben den Stammformen der vorgenannten Gruppen *Narcissus cyclamineus, N. johnstonii, N. jonquilla, N. triandrus, N. poeticus, N. pseudonarcissus,* von denen es wieder Unterarten gibt, sei der Narzissen-Liebhaber vor allem auf zwei »Wilde« aufmerksam gemacht.

Narcissus asturiensis ist ein hübscher Liliputaner, der aussieht wie die Miniaturausgabe einer großblumigen Trompeten-Narzisse. Nur 8–10 cm groß, färben sich die goldgelben Blüten schon im Februar, spätestens Anfang März. Allein schon deshalb ist er es wert, gepflanzt zu werden.

Die Reifrocknarzisse, *N. bulbocodium,* stellt etwas ganz Besonders dar. Die Blütenblätter bauschen sich zu einer an Reifröcke erinnernde Form auf; die goldgelben Blüten stehen auf 20 cm hohen Stielen, die sich im April/Mai aus grasartigen Blätterbüschen entwickeln. Diese ungewöhnliche Narzisse, von der eine ganze Reihe von Unterarten gezüchtet wurde, braucht einen wasserdurchlässigen, in Frühjahr sehr feuchten, im Sommer und Herbst aber trockenen Boden. Um diesen kleinen Schatz zu »retten«, sollte man bei Dauerregen die eintrocknenden Zwiebelchen mit wasserundurchlässiger Folie abdecken. Zu empfehlen ist auch Winterschutz aus Laub, Rindenmulch und Fichtenreisig.

Die Blüten der Dichternarzisse, *N. poeticus*, sind vollkommen in ihrer Form.

Hyazinthen
Hyacinthus

Hyazinthen gehören zu den schönsten Duftpflanzen des Frühlings, eignen sich für eine Pflanzung auf Beeten und Rabatten und blühen auch in Balkonkästen und anderen Pflanzgefäßen. Zu empfehlen ist ein Platz in Sichtweite zum Haus, am Eingang oder in Terrassennähe. Sie sollten auch am besten dort wachsen und blühen, wo jeder kleine Luftzug ihren Duft zum Haus trägt. Selbst im Schatten entfalten sie ihre Farbenpracht.
Hyazinthen eignen sich auch für eine Pflanzung am Gartenweg, in Steingärten, vor kurzgeschorenen, langweiligen Heckensträuchern, unter Gehölzen oder als farbenfrohe Tuffs zwischen bodendeckenden Gehölzen oder niedrigen Stauden, deren Blühen im April/Mai, zur Blütezeit der Hyazinthen schon vorüber ist. Wunderschön sieht es aus, wenn auf einem Beet (oder in einer großen Blumenschale) blaue Hyazinthen und gelbe Stiefmütterchen oder rosa Hyazinthen und blaue Vergißmeinnicht zusammenstehen. Die Verehrer dieser schönen Frühlingsblume »verlängern« den Blütenflor, indem sie die Pflanzen an unterschiedliche Plätze, an sonnige und warme wie auch an schattige und kühle Plätze setzen. Das verfrüht oder verlängert die Blütezeit um fast vier Wochen. Der gleiche Effekt wird erzielt, wenn die Zwiebeln in etwa achttägigen Abständen gepflanzt werden.

Standort, Pflanzung, Pflege

Hyazinthen sind genügsam. Man bringt die rundlichen mit glänzenden blauroten oder silbrigen Häuten ausgestatteten Zwiebeln 8–12 cm tief in durch Humusstoffe wie Kompost oder Humobil angereicherte Erde. Der Abstand sollte etwa 15 cm von Zwiebel zu Zwiebel betragen.
Was Hyazinthen gar nicht mögen, ist stauende Nässe, die man durch Beigaben von Sand oder feinem Kies in die Pflanzgrube vermeiden hilft. Aus feuchten Gartenplätzen sollten die Zwiebeln auf jeden Fall herausgenommen und nach einem Trocknungsvorgang im Herbst wieder eingesetzt werden. In frostgefährdeten Lagen ist eine winterliche Bodendecke aus Laub, grobbrockigem Kompost oder Tannenreisig angebracht.

Hyazinthen eignen sich für Blumenbeete, aber auch für Balkonkästen und andere Pflanzgefäße.

Wie die Blütengröße erhalten bleibt

Nur dort, wo der Boden im Sommer gut austrocknet, zum Beispiel an einer nach Süden gelegenen Hausmauer, bleibt die Blütengröße der Hyazinthen unverändert erhalten. Im nächsten und in den darauffolgenden Jahren verringert sich die Anzahl der Einzelblumen, und der gesamte Blütenstand wirkt lockerer. Dabei handelt es sich keineswegs um eine Qualitätsminderung oder eine Abbauerscheinung, sondern um eine Rückentwicklung zur Stammform von *Hyacinthus orientalis*. Um die Großblumigkeit zu erhalten, muß man sie nach der Blüte herausnehmen, abtrocknen lassen und im Herbst wieder neu setzen. Es geht aber auch anders: Jedes Jahr neue Zwiebeln pflanzen und die »Alten« in Blumenbeete zwischen später blühenden, hochwachsenden Stauden setzen. Mit ihren schlanken und zierlichen Blüten passen sie gut hierher. Ihren Duft verströmen sie weiterhin, ein Duft, der ganze Gartenräume erfüllen kann. Man muß also nicht die Nase an die Blüte halten.

Sorten

Es gibt viele schöne Sorten, die sich vor allem in der Farbe voneinander unterscheiden. Auch in der Blütezeit gibt es Unterschiede, die jedoch nicht so wesentlich sind wie bei den Tulpen. Bedeutung haben die Hinweise auf unterschiedliche Blütezeiten nur bei der Hyazinthen-Treiberei, siehe Seite 29.
Zu den frühen, die bei günstiger Witterung schon Anfang April voll erblühen, gehören die bekannten leuchtend rosa 'Anne-Marie', und die reinrosafarbene 'Pink Pearl'. Rot sind die Blüten der frühen Sorte 'Jan Bos', porzellanblau die sehr frühe 'Bismarck', die asternblaue 'Concord', und die dunkelblaue 'Ostara'. Von den weißen erscheinen die Blüten sehr früh bei 'Mont Blanc', 'White Pearl' und 'L'Innocence'. Die meisten blühen mittelfrüh, also etwa von Mitte April an und bei niederen Frühlingstemperaturen auch schon mal Ende April/ Anfang Mai. Es handelt sich dabei um die reinweiße 'Carnegie', primelgelbe 'City of Haarlem' und die lilaviolette 'Amethyst'. Alles Namen, die dem Blumenliebhaber seit Jahren vertraut sind, da bei Garten-Hyazinthen nur wenig neue Sorten hinzukommen. Bei Hyazinthen für die Treiberei ist da allerdings schon erheblich mehr los.
Für naturnahe Gartenpartien empfehlen sich die sogenannten Mulitflora-Hybriden, die statt eines einzigen Blütenzylinders 5–7 Blütenstiele treiben, an denen dafür aber weniger Blütchen als an den angestammten Hyazinthen-Sorten sitzen. Diese zierlichen Hyazinthen werden oft zur Treiberei verwendet. Im Garten blühen sie sehr früh, bereits im April.

Krokusse

Crocus

Ohne Krokusse ist ein Gartenfrühling undenkbar. Schon deshalb, weil man sich auf sie verlassen kann, denn jahrelang blühen sie am selben Fleck, die ganz frühen Wildformen unverdrossen selbst in Kälte und Schnee und auch die großblumigen bei jeder Witterung. Krokusse passen überall hin: in Steingärten, zwischen Plattenfugen, in Balkonkästen und andere Pflanzgefäße, an Wegränder, unter die noch unbelaubten Sträucher und Bäume oder in die Blumenrasen und Blumenwiesen. Sie blühen zu einer Zeit, in der die Natur sich noch mit bunten Farben zurückhält.

Nur das Gelb der Forsythien dominiert in vielen Gärten. Diesem hübschen Blütenstrauch und natürlich auch anderen Gartenpflanzen sollte man dunkel- oder lichtblaue, weiße oder purpurviolette und lila-weiß gestreifte Krokusse zuordnen. Das Farbenspiel dieser kleinen Knollengewächse ist einzigartig. Es lohnt sich, wie bei Tulpen, auch hier auf einzelne Farben zu achten.

Bei der Pflanzung von großblumigen Gartenkrokussen sollte es keine zahlenmäßige Beschränkung geben.

Die Ahnen unserer heutigen Gartenkrokusse blühten einstmals alle gelb. Safran macht den Kuchen »gel« (= gelb) heißt es in einem Kinderlied, und wer weiß schon, daß mit Safran (aus dem Arabischen »sa farar« = gelbfärben) der Krokus besungen wird. Aus dem Krokus gewannen die alten Griechen die beliebte gelbe Farbe, mit der sie ihre Prunkgewänder färbten.
Aus gelbem Krokus entstanden in der Antike auch begehrte Gewürze für Speisen und Getränke. Eine mühselige Angelegenheit, weil, wie überliefert wird, 100000 Krokusblüten nötig waren, um zu einem Kilogramm Safran zu kommen.
Nun ist Krokus nicht gleich Krokus. Da gibt es Botanische Krokusse, auch Wildkrokusse genannt, und die großblumigen Frühlingskrokusse, die wohl am bekanntesten sind.

Verschiedene Krokus-Arten

Botanische Krokusse

Die früheste der botanischen Arten ist *Crocus ancyrensis,* der reich und lange viele kleine, goldfarbene Blüten hervorbringt.
Zur gleichen Zeit öffnen sich die dicht am Boden sitzenden Goldlack-Krokusse *(C. angustifolius)* mit braun geaderter Außenseite. Vom Goldkrokus *(C. flavus* früher *C. aureus)* stammen die meisten frühlingsblühenden gelben Garten-Züchtungen ab; kein Wunder, daß die Hauptsorte 'Großer Gelber' heißt.

Damit es nicht nur gelb zugeht, sollten blaue Krokusse nicht fehlen wie *C. biflorus* mit hübschen, außen purpurblau gestreiften und innen weißen Blütenblättern; auch hiervon sind Namenssorten im Handel wie die blaulila 'Adami' und die 'Parkinsonii', eine Sorte für »vornehme« Gärten, weil sie so schön silbrigweiß (außen mit braunen Streifen) schimmert.
Wer im Frühjahr den Monte Faito am Golf von Sorrent besteigt, kann sich an einem zweifarbigen Krokuswunder erfreuen. Hier, aber auch in Apulien, blüht *C. imperati,* eine ungewöhnliche Krokusart, deren Blüten sich außen gelb und bräunlich und innen lila färben. Er wächst auch bei uns und ist besonders reichblühend.
In Griechenland wurde der zartblaue, gelbschlundige *C. sieberi* gefunden, der durch die bauchige Form seiner Blüten auffällt. Wir schätzen besonders die dunkelviolette Sorte 'Violett Queen'.
Am frühesten blüht *C. tommasinianus,* dessen lange spitze Knospen sich schon im Februar nicht selten über tauendem Schnee erheben. Er ist unverwüstlich, breitet sich durch Aus-

Ein Krokus-Traum in Weiß: die *Crocus chrysanthus*-Hybride 'White Beauty'.

saat unter Sträuchern und Bäumen aus und setzt sich sogar gegen harte Gräserkonkurrenz im Rasen durch. Schöner sind die Gartenformen wie 'Whitewell Purple', rötlich purpur und 'Barr's Purple', großblumig lila.

Die großblumigen Gartenkrokusse

Von März bis April, meist 8–10 Tage später als die botanischen Arten, blühen die großblumigen Gartenkrokusse der Art *C. vernus.* Das Farbenspiel ist beachtlich, und man kann nur staunen, was es neben der Hauptfarbe gelb alles an Varianten gibt: weiße, violette und blaue, daneben zweifarbige. lila-weiß gestreifte und purpurfarbige. Oft werden einzelne Sorten angeboten: 'Early Perfection', violett; 'Jeanne d'Arc', reinweiß; 'Queen of the Blues', lavendelblau; 'Pickwick', weiß, dunkellila gestreift; 'Remenbrance', silbrigpurpur und 'White Swan', reinweiß.

Noch größer ist die Zahl der *C. chrysanthus*-Sorten, die eigentlich sogar noch schöner sind als die Hybriden von *C. vernus,* weil sie ungewöhnliche Farben und Farbschattierungen zu bieten haben. Beispiele: 'Cream Beauty', cremegelb; 'E. A. Bowles', goldgelb, außen purpurrot geadert; 'Skyline', hellblaue Blütenblätter, außen mit violetten Streifen.

Krokusse eignen sich auch hervorragend zur Treiberei und für Balkonkästen, siehe Seite 26.

Alle Krokusse lieben einen möglichst sonnigen Platz, dort, wo er im Frühjahr feucht und im Sommer trocken ist. Man sollte möglichst an Stellen pflanzen, wo das Wasser nach Dauerregen abfließen kann. Die Krokus-Knollen (es sind keine Zwiebeln) der frühlingsblühenden Arten kommen von September bis Oktober, je nach Umfang und Stärke, 7–10 cm tief in einen lockeren Boden. Wer tiefer pflanzt, muß mit blütenlosen Blattbüscheln rechnen. Es hat sich bewährt, die von den Vögeln so begehrten gelben Sorten vor oder unter Laubgehölze zu pflanzen; hier sind sie etwas sicherer. Ganz auf gelbblühende Krokusse sollte man aber auf keinen Fall verzichten, da sie die widerstandsfähigsten sind und am längsten blühen. Unbedingt sollten alle 2–3 Jahre große Krokusbüsche ausgegraben und wie Stauden geteilt, gereinigt und getrocknet werden.

Krokusse im Rasen

Wer Krokusse im Rasen blühen lassen will, sollte sie nicht willkürlich zwischen den Gräsern verteilen, was zwar sehr chic aussieht, den armen Knollen aber ganz und gar nicht behagt; sie können sich nicht gegen den immer dichter werdenden Rasenfilz durchsetzen und ver-

Crocus chrysanthus*-Hybriden zwischen immergrünen *Gaultheria procumbens.

schwinden. Besser ist es, Krokusse dort anzusiedeln, wo ohnehin kein Gras wächst; unter oder in die Nähe von Bäumen oder dorthin, wo Moos anstelle von Gras gedeiht.

Zierlauch
Allium

Schnittlauch, Zwiebeln und Porree haben blütenschöne Verwandte, die Zierlauche, die leider noch viel zu wenig in unseren Gärten blühen. Einige von ihnen sind sehr haltbare Schnittblumen, bei denen man den Lauchgeruch nur beim Abschneiden, nicht aber im Zimmer in der Vase wahrnimmt. Dort duften die Blüten nach Honig. Jeder kann das bei blühendem Schnittlauch ausprobieren. Das Blühen der »erlauchten Lauche« beginnt mit dem Blauzungenlauch, *Allium karataviense;* er begeistert uns schon im April mit gelblich-rosa getönten Blütenkugeln, die, 20 cm hoch, aus breiten, innen blaugrau, außen rötlichbraunen Blättertüten erscheinen. Pflanztiefe 10–15 cm. Lila-purpur sind die sich im Mai färbenden Blüten des 80–100 cm hohen *A. aflatunense.*
Schon wenig später, im Juni/Juli erscheinen die auf 1,5 m hohen Stielen stehenden Blütenbälle des Riesenkugellauchs, *A. giganteum.* Dieses imposante Gewächs braucht sandig-warmen Boden, weil die Zwiebel im Herbst gut ausreifen muß. Rittersporn und Gräser bilden als Nachbarn einen wunderschönen Kontrast. Pflanztiefe 20 cm.

Riesig groß sind die Blüten des Riesenkugellauchs, *Allium giganteum.*

Eine Schönheit ist *A. christophii* (früher *A. albopilosum),* der 60–70 cm hohe Sternkugellauch, der im Frühsommer 30 cm große violette Blüten trägt. Die getrockneten Fruchtstände lassen sich wirkungsvoll in Vasen und Gestecken anordnen. Zum Trocknen die Blütenkugeln verkehrt herum aufhängen.
Auch der Enzianlauch, *A. caeruleum,* der wegen seiner kornblumenblauen Farbe sehr geschätzt wird, eignet sich für Trockensträuße und Gestecke. Die Stiele werden etwa 30 cm lang. Blütezeit Juni/Juli.

Seit altersher blüht in unseren Gärten der Goldlauch, *A. moly,* mit 5 cm breiten leuchtendgelben Blütendolden, die bereits im Mai Farbe zeigen. Die Blühdauer ist bemerkenswert: sie reicht bis weit in den Juli hinein. Die Zwiebelchen des 20–30 cm hohen Lauchs kommen 5–8 cm tief in die Erde. Läßt man die Fruchtstände stehen, vermehrt sich der Goldlauch durch Selbstaussaat.
Am längsten halten sich die großen, aber tief am Boden stehenden Blüten des Rosenlauchs, *A. oreophilum.* Bis in den Spätsommer strahlen sie purpurrosa in voller Sonne; sie werden nur 15 cm hoch. Pflanztiefe 5–20 cm (je nach Zwiebelgröße).
Viermal höher stehen die violettroten Dolden des Kaukasischen Kugellauchs, *A. sphaerocephalon,* bis in den August hinein und das selbst an Gartenplätzen, wo keine Sonne scheint.
Alle kleinen Arten eignen sich bestens für eine Pflanzung im Steingarten, aber auch in naturnahe Gartenpartien. Nur der Riesenkugellauch, sollte auf Prachtstaudenbeeten Verwendung finden.
Auch bei den Zierlauchen gibt es eine Ausnahme von der Regel, daß alle Arten und Sorten einen trockenen und sonnigen Platz wünschen: Der Goldlauch fühlt sich nur wohl in einem feuchten Boden in halbschattiger Lage, zum Beispiel in der Uferrandbepflanzung von Gartenteichen.

Strahlenanemone, *A. blanda* 'Radar' (links). Für naturnahe Gartenpartien: Präriekerze, *Camassia* (rechts).

Windröschen

Anemone spec.

Im naturnahen Garten, vor allem aber vor und zwischen Laubgehölzen, wie auch an Wegesrändern sollte man ganze Schwärme frühlingsblühender Anemonen ansiedeln. Die Strahlenanemonen *(Anemone blanda)* sind in weißen, rosa, roten und blauen Farbtönen erhältlich. Sie wirken besonders schön, wenn sie in großen Tuffs gepflanzt werden. Am schönsten öffnen sie in sonniger Lage, manchmal auch an Schattenplätzen, von März bis April ihre Sternenaugen. Sie lieben Kalk und passen deshalb gut zu Alpenveilchen. Gepflanzt wird 5 cm tief und möglichst eng, damit es später tolle Bilder gibt. Ein Winterschutz mit Laub und Reisig ist angebracht. Auch unter Bäumen und Sträuchern wächst die Waldanemone *A. apennina),* deren blaue Blütchen erst im Mai erscheinen. Sie braucht ebenfalls Winterschutz. Ähnliche Ansprüche und Platzwünsche hat das bekannte Buschwindröschen *(A. nemorosa)* das aus »Rhizomstäbchen« herauswächst und deshalb auch als Staude mit Wurzeln erhältlich ist.

Von dieser Anemone gibt es eine ganze Reihe von Namenssorten, die allesamt viel schöner als die Stammarten sind und viel öfter gepflanzt werden sollten. Da kann man sich freuen an der weißen, gefüllten 'Alba plena', an der großblumigen blauen 'Allenii', an der spätblühenden hellblauen 'Blue Bonnet', und der lavendelblauen 'Robinsoniana'.

Diese und andere Buschwindröschen sind ein wahrer Schatz der Gärten, dabei problemlos und blühfleißig. Die beste Pflanzzeit ist der Oktober. Von einer Frühjahrspflanzung ist abzuraten, da die Anemonen dann im Sommer blühen und die Blütenfarben (vor allem die blauen) nicht befriedigen; die Blüten sehen wie verregnet aus. Kenner legen die Rhizome vor dem Pflanzen über Nacht ins Wasser; sie quellen auf und bilden dann schneller Wurzeln. Die sommerblühenden Kronenanemonen werden auf der Seite 79 beschrieben.

Präriekerze

Camassia

Aus den Prärien des Wilden Westen stammt diese robuste Wiesenblume, die Staudenrabatten, aber auch naturnahe Gar-

tenpartien mit ihren, je nach Sorte, blauen oder weißen Blütenkerzen bereichert.
Etwa 40–50 cm hoch werden die Blütenstiele von *Camassia quamash* (früher *C. esculenta*). Der Name ist indianischen Ursprungs. *Camassia* ist die lateinische Form des indianischen Wortes quamash. Früher wurden nämlich die Zwiebeln von den Indianern verzehrt.
Besonders hübsch ist *C. leichtlinii*, ihre hell- bis dunkelblauen Einzelblüten sitzen in dichten Trauben zusammen, die auf etwa 90 cm hohen Stielen ab Mai erscheinen. Zwei Farbvarianten sind zu nennen: *C. l.* var. *alba*, eine weiße, meist schon im April blühende Form und die dunkelviolette *C. l.* var. *atroviolacae*, ein wahres Prachtstück.
Bis 100 cm groß wird *C. cusickii*, eine besonders widerstandsfähige Art mit schönen glänzenden Blättern und zartblauen Blütentrauben, die von Mai bis Juni erscheinen.
Die drei Arten stellen geringe, aber dennoch leicht unterschiedliche Ansprüche. *C. leichtlinii* verträgt etwas mehr Schatten. *C. quamash* dagegen volle Sonne an warmen Stellen. *C. cusickii* ist besonders anspruchslos, so daß sich aus Samen bald ausgedehnte Horste bilden.
Die runden bis eiförmigen Zwiebeln werden zwischen September und November 10–15 cm tief gelegt und in kalten Wintern ohne Schneedecke unter einer lockeren Laubschicht vor Frost geschützt. Im Sommer sollte der Boden nicht zu naß werden, bei Dauerregen sollte er mit einer durchsichtigen Folie abgedeckt werden. Nur im Frühjahr über lieben es die Präriekerzen triefend naß. In den normalerweise regenarmen Wochen um die Tag- und Nachtgleiche muß darum zusätzlich gewässert werden.
Am richtigen Standort halten sich die robusten Zwiebeln viele Jahre und brauchen erst nach drei, vier Jahren ausgegraben, geteilt und auseinander gepflanzt zu werden.

Schneestolz
Chionodoxa

Sie trägt ihren Namen zu Recht, die nur 15 cm große Zwiebelblume Schneestolz, wenn sie manchmal im Schnee, meist jedoch nach Tauwetter, ihre hübschen blauen, mit weißen Augen geschmückten Blütchen entfalten. Sie passen in Steingärten, aber auch an Wegesränder. Da sie schon im März blühen und ihre Blätter wenig später einziehen, ist auch eine Pflanzung im Rasen möglich. Überall vermehrt sich der Schneestolz gleich gut, solange nicht dauernd an ihm herumgehackt oder gegraben wird. – Die Zwiebeln kommen 8–10 cm tief in die Erde.
Drei Arten werden angeboten: *Chionodoxa gigantea*, mit blauen, in der Mitte helleren Blüten; *C. luciliae*, die kleinere,

Zu den frühblühenden Blumenzwiebeln (März) gehört der Schneestolz, *Chionodoxa luciliae*.

in der Farbe ähnliche Blüten benutzt, und *C. sardensis,* die etwas später blüht und wohl die schönste ist. Bedauerlicherweise sind vom Schneestolz weiße und rosa Sorten gezüchtet worden. Man kann sie vergessen. Auch der ordnungsliebende Gartenfreund sollte die Fruchtstände nicht abschneiden, da sie von fleißigen Ameisen benagt, abgeschleppt und auch auf diese Weise überall im Garten verteilt werden. Bald blüht es dann überall lilablau.

Alpenveilchen
Cyclamen

In Steingärten, vor allem aber auch zwischen Farnen, Christrosen und Zwergsträuchern, an der Terrasse oder Wegesrändern, überall dort, wo sich kein Wasser staut und sich der Boden rasch erwärmt, ist Platz für Alpenveilchen. Die ersten blühen schon im Januar, wenn nicht gerade klirrender Frost alles Pflanzenleben erstarren läßt.
Zu dieser Zeit, da höchstens Winterlinge und frühe Schneeglöckchen blühen, können wir das erste Alpenveilchen bewundern: *Cyclamen coum* mit dunkelgrünen Blättern und karminroten Blüten. Eine Art, von der es ebenfalls frühblühende Varianten gibt.
Silbrig und weiß schattiert sind die Blätter von *C. repandum,* deren leuchtend rote Blüten nur wenig später erscheinen.

Im August geht das Blühen der Freilandalpenveilchen weiter, mit *C. purpurascens* (früher *C. europaeum),* eine immergrüne Art mit rosenroten, duftenden Blüten, die jahrzehntealt werden und zu breiten Horsten heranwachsen.
Im September/Oktober erscheinen die eleganten rosa Blüten von *C. hederifolium (C. neapolitanum)* noch vor den wunderschönen, an Efeu erinnernden Blätter, die in nicht allzu kalten Wintern erhalten bleiben. Dieses Alpenveilchen ist schon der Blätter wegen gartenwürdig.
Die frühlingsblühenden Alpenveilchen werden flach, etwa 3–6 cm tief, in einen lockeren, humusreichen und kalkhaltigen Boden gesetzt. Die Pflanzung sollte, wenn die Knollen zu haben sind, schon im Mai, nie später als im August, erfolgen. Die Knollen der Herbstblüher liegen gern ein wenig tiefer, weil bei ihnen die Wurzeln aus der leicht eingemuldeten Oberseite herauswachsen, bei *Cyclamen purpurascens* dagegen wachsen sie rundherum nach allen Seiten; in 15–20 cm Tiefe, in schweren Böden genügen auch 10 cm, fällt das Bewurzeln leichter. Ältere, bis zu tellergroße Knollen, wachsen immer tiefer in den Boden hinab.

Bietet hübsche Blätter und Blüten: das Alpenveilchen, *Cyclamen hederifolium.*

Eine Gartenkostbarkeit: der Hundszahn, *Erythronium grandiflorum*.

Unter normalen Umständen sind Alpenveilchen deshalb auch ohne Winterschutz frosthart.

Winterling
Eranthis

Wer die leisen, zarten Töne des Blütenfrühlings liebt, kommt um Winterlinge nicht herum. Sie sind auch wirkliche Winterbesieger, weil die gelben Kugelblüten, stets von einem grünen Krägelchen umrahmt, bereits im Februar und oft sogar über schmelzendem Schnee erscheinen. Sonne mögen sie, diese kleinen Vorfrühlingsboten, nehmen aber auch mit einem halbschattigen Platz im lichten Gebüsch vorlieb. Der ideale Partner ist hier das Schneeglöckchen, auch deshalb, weil es genauso ungestört wachsen will und weil es sich ebenfalls durch Selbstaussaat vermehrt. Also bitte nicht umgraben oder hacken.
Das gilt für *Eranthis hyemalis* genauso wie für die etwa 14 Tage später blühende *E. cilicica,* die größer wird (etwa 15 cm) und deren Halskrause feiner geschlitzt ist. Außerdem sind die Blütchen tiefer gelb und die Außenkelchblätter bronzefarben.
Man sollte sie beide pflanzen, und zwar nie tiefer als 3–5 cm. Vor dem Pflanzen lege man die Zwiebelchen etwa 24 Stunden in lauwarmes Wasser; sie wachsen dann schneller an.

Hundszahnlilie
Erythronium

Ein einfallsloser Botaniker benannte wohl dieses zauberhafte Gewächs, das sowohl durch seine hübschen Blüten als auch durch die reizvolle Zeichnung der Blätter auffällt, nach der hundszahnähnlichen Form der Zwiebeln.
Alle *Erythronium*-Arten gedeihen an halbschattigen, ja sogar an schattigen Plätzen.
Vor oder unter Gehölzen, in beschatteten Steingärten oder Wegesrändern in einem humusreichen und möglichst feuchten Boden fühlt sich der Hundszahn besonders wohl. Wird vor dem Pflanzen (10–15 cm tief) noch verrottetes Laub in den Boden eingearbeitet, ist mit reichem Flor zu rechnen. Blütezeit: je nach Sorte von März bis Mai. Mehrere Arten und Sorten sind mit unterschiedlichen Blütenformen im Handel. Lilaweiß blüht im März der heimische »echte« Hundszahn, *Erythronium dens-canis,* über braungrün marmorierten Blattpaaren. Von ihm gibt es mehrere Sorten, wie 'Frans Hals', violettrosa; 'Snowflake', reinweiß; 'Rose Beauty', tiefrosa; 'Charmer', weiß und rosa mit besonders hübsch gefärbten Blättern und andere.

E. dens-canis ist die beliebteste, am meisten gepflanzte Art. Aber auch *E. grandiflorum* hat Aufmerksamkeit verdient; sie bietet große Blüten an 60 cm hohen Stielen *(E. dens-canis* wird nur 20 cm hoch). Gartenwürdig ist ebenso *E. revolutum*, vor allem die Sorte 'White Beauty', eine wirkliche Schönheit mit weißen, besonders großen Blüten und hübschen Blättern.
Erfreulicherweise wird auch *E. tuolumnense* angeboten, die leuchtend gelbe Blüten an 30 cm hohen Stielen zu bieten hat. Auffallend sind die gewellten hellgrünen Blätter. Diese Art vermehrt sich leicht, vorausgesetzt, sie darf in der passenden Erde und im Schatten ungestört wachsen.

Kaiserkrone

Fritillaria

Kaiserkronen blühten schon vor Jahrhunderten in unseren Gärten. Alte Blumenbilder beweisen das. Wir sollten sie im Garten wieder heimisch werden lassen wegen ihres kräftigen Wachstums und der fast meterhohen imposanten Blütenschäfte, an denen 6–8 gelbe, orangefarbene oder rote Einzelblumen hängen.
Aus der Art *Fritillaria imperialis* sind im Laufe der Zeit interessante Namenssorten entstanden, die der Stammform an Attraktivität in nichts nachstehen. Zitronengelb blüht 'Lutea Maxima' (65–75 cm hoch); 'The Premier', rot, 70 cm; 'Aurora', orangefarben, 90 cm und leuchtend 'Rubra Maxima', orangerot, 90 cm.
Ganz gleich für welche Sorte man sich entscheidet, alle sollten frei stehen, ohne den Wurzeldruck und die einengende Nachbarschaft anderer Gewächse, möglichst an einem Sonnenplatz, wenn auch lichter Schatten das Wachstum nicht beeinträchtigt. Gepflanzt werden kann schon, wenn die Zwiebeln erhältlich sind, im August, sonst im September/Oktober. Die Erde sollte nährstoffhaltig sein und darf im Sommer nicht austrocknen. Die Zwiebel kommt 20 cm tief in die Erde (nicht flacher!) und zwar mit dem Loch nach oben. Es ist von dem bis unten abgestorbenen Blütenschaft des Vorjahres zurückgeblieben.
Kaiserkronen wachsen unheimlich schnell. Schon im April ist unter ihrem Blätterkleid der Blumenkranz zu sehen. Regelmäßiges Gießen bei Trockenheit und nicht zu knappe Düngergaben von Anfang April bis zur Blütezeit unterstützen Wachstum und Blühlust.
Etwa zehn Jahre sollte man die Kaiserkronen in Ruhe lassen, damit sie Kolonien bilden können, und auch nichts anderes dazupflanzen. Auf keinen Fall dürfen die Zwiebeln aus der Erde herausgenommen und trocken überwintert werden. Das behagt der Zwiebel nicht. Sie schrumpft und blüht nicht wieder.
Kaiserkronen lassen sich verpflanzen, indem die Zwiebel nach der Blüte zusammen mit möglichst viel Erde ausgegraben wird.
Die etwas streng nach Raubtierkäfig riechenden Zwiebeln der Kaiserkronen sollen, wie in vielen klugen Büchern behauptet wird, Wühlmäuse vertreiben, was bisher nicht bewiesen werden konnte. Zwar fressen die Wühlmäuse die Zwiebeln nicht, nehmen aber auch nicht Reißaus. Das wäre denn doch zu schön.

Schachbrettblume, Kibitzei

Fritillaria meleagris

Nur 20–25 cm hoch wird die bei uns heimische Schachbrettblume, eine sicher blühende Pflanze mit mehr oder weniger gestreiften, gefleckten oder einfarbigen Glöckchen in braunen, gelben, cremefarbenen Tönen. Die Schachbrettblume wächst gut und gern in feuchtem (auf keinen Fall trockenem) Boden und ist deshalb bestens für eine Uferrandbepflanzung von Gartenteichen geeignet. Hier fühlt sie sich wohl, in sonniger bis halbschattiger Lage zwischen Sumpfdotterblumen *(Caltha palustris)* oder Mädesüß *(Filipendula)*. In 8–10 cm Tiefe gepflanzt, vermehrt sie sich zwar langsam aber stetig.

Von der Stammart gibt es einige Sorten, die alle im April/Mai blühen, wie die reinweiße 'Aphrodite', die purpur und rosa gescheckte 'Poseidon', die purpurrote 'Jupiter' und die reinrote 'Saturnus'.

Die Glockenlilie, *Fritillaria michailovskyi* (oben). Kaiserkronen, *Fritillaria imperalis*, bilden sehenswerte Blütenkolonien (links).

Persische Kaiserkrone

Fritillaria persica

Wer Fritillarien schätzen gelernt hat, sollte auch noch *F. persica* pflanzen, eine etwa 75 cm hohe Art mit dunkelblauen Blüten, die bereift sind wie Zwetschen. Besonders hübsch ist die Sorte 'Adiyaman' mit süß duftenden Blüten. Die sehr großen Zwiebeln müssen 20–25 cm tief in die Erde und brauchen im Gegensatz zu den beiden anderen Arten Winterschutz.

Nicht unerwähnt bleiben soll *F. pallidiflora*, eine hellgelb blühende, 50–60 cm hohe Schönheit, der man Vergißmeinnicht zugesellen sollte:

Das gibt ein zauberhaftes Bild.

Schneeglöckchen
Galanthus

Schneeglöckchen sind eigentlich im Garten unentbehrlich. Einmal, weil sie oftmals schon im Februar, meist aber im März ihre kleinen weißen Blütenröckchen entfalten und zum anderen, weil sie sich, wenn man sie in Ruhe läßt, im Laufe der Jahre im ganzen Garten verbreiten und zu dichten Horsten heranwachsen. Zumindest dort, wo nicht mit Spaten oder Hacke hantiert wird, wo es hell oder schattig, stets aber im Sommer trocken ist, wo also nicht ständig gegossen wird.
Bei allen Schneeglöckchen biegen sich nach der Blüte die schlaff gewordenen Stengel mit den grünen Fruchtkapseln herab zur Erde und werden dort von Ameisen angefressen, die den Samen umherschleppen und verbreiten. Grund genug, um weder die Samenkapseln abzuschneiden, wie es übereifrige Gartenfreude oft tun oder gar etwas gegen die Ameisen unternehmen.
Die meist verbreitete Art ist *Galanthus nivalis,* der Schnee und naßkaltes Frühlingswetter ganz und gar nichts ausmacht. Gleichermaßen widerstandsfähig ist die um zwei Wochen früher blühende *G. elwesii,* eine Art mit größeren, eher runden Blüten, längeren Stielen (bis 15 cm) und größeren Blättern. Kleiner im Wuchs ist *G. nivalis* 'Plenus', deren gefüllte Blüten aber längst nicht die Eleganz

Frühlingsstimmung mit Schneeglöckchen, Zwiebel-Iris, *I. reticulata*, und Kissenprimeln.

der einfachblühenden aufzuweisen haben.
Daneben gibt es noch eine ganze Reihe von Gartensorten und wenig bekannte Arten, die zu den noch nicht gehobenen Gartenschätzen gehören, ganz einfach, weil sie sich selten bis gar nicht im Handel befinden. Sie kommen sicher noch.
Schneeglöckchen lieben sonnige Plätze, können deshalb auch unter oder vor Laubgehölz gesetzt werden, die zur Blütezeit noch ohne Blätter sind. Man sollte sie nicht allein lassen, sondern andere Kleinblumenzwiebeln wie *Scilla, Iris reticulata, Chionodoxa,* botanische Krokusse oder Winterlinge zuordnen. Wunderschön ist zum Beispiel ein Vorfrühlingsgärtchen mit Schneeglöckchen, Winterlingen, Seidelbast und Scheinhasel *(Corylopsis).* Abzuraten ist von einer Pflanzung im kurzgeschorenen Rasen. Nur bei hocheingestelltem Mäher können die Blätter in Ruhe welken und die Zwiebeln Kraft sammeln. Rasen düngen und beregnen, bekommt dem Schneeglöckchen gar nicht gut.
Sie wollen, wo auch immer sie wachsen, ihre Ruhe und sollten nur in »Notfällen« und dann gleich nach der Blüte, umgepflanzt werden.
Neue Zwiebelchen kommen so früh wie möglich im Herbst in die Erde, damit sie vor dem Frost noch ausreichend Wurzeln bilden können.
Schneeglöckchen-Zwiebeln nicht herumliegen lassen, sie trocknen allzu schnell aus!

Frühlingsstern
Ipheion

Der Frühlingsstern *(Ipheion uniflorum)* auch unter dem Namen *Brodiaea uniflora* und *Triteleia uniflora* angeboten, gehört unter den im Frühjahr blühenden Kleinblumenzwiebeln zu den auffallenden Pflanzengestalten. Da er reichlich Brutzwiebeln bildet, entwickeln sich von März bis April dichte, rasenähnliche Teppiche aus kleinen, blaßblauen Blüten, die sich bei Regen schließen. Hin und wieder findet man einige Sorten, wie 'Coerulea' mit hellblauen, 'Froyle Mill' mit dunkelvioletten und 'Wisley Blue' mit weißen Blüten.
Die Zwiebeln werden im Herbst 3–5 cm tief gelegt, am besten in einem sonnigen Steingarten oder an Rabatten. Es empfiehlt sich, schweren Boden etwa spatenstichtief mit Sand zu lockern, auch deshalb, damit die Zwiebeln nach der Blüte ausreichend abtrocknen können.

Ende Februar fängt die Zwiebel-Iris (*I. danfordiae*) an zu blühen.

Zwiebeliris

Iris histroides, Iris reticulata, Iris danfordiae

Schwertlilien, *Iris germanica,* mit ihren großen, zart duftenden Blüten, kennt jeder wie auch die ähnlich imposante *Iris kaempferi,* die Japanische Prachtiris, und die eher in der Blüte bescheidene, aber große Blätterbüsche bildende Sumpf-Schwertlilie, *Iris pseudacorus,* die unentbehrlich für die Ufer der Gartenteiche ist. Wie Liliputaner nehmen sich dagegen die sogenannten Zwiebeliris aus, zwerghafte Pflanzengestalten, deren Blüten meist größer als die kleinen Blätterbüsche sind. Es gibt eine ganze Reihe von Arten, die aber zumeist von botanischem Interesse sind. Es fällt auch schwer, sie zu beschaffen.

Erhältlich dagegen ist die Vorfrühlings-Iris, *Iris histroides* 'Major', deren ultramarinblaue, dunkel gefleckte Blüten oft schon im Februar, auf jeden Fall aber vor dem Blattaustrieb erscheinen. Sie besitz die größten Blüten von allen frühblühenden Zwergiris.

Nur wenig später, Ende Februar bis Ende März, ist *Iris danfordiae* an der Reihe, deren reingelbe, dreieckige Blüten leicht grün gestreift und gepunktet sind und auf kräftigen Stielen stehen.

Man sollte sie stets den fast immer blaublütigen Zwergiris und der frühen Traubenhyazinthe, *Muscari azureum,* zugesellen, beide steigern sich gegenseitig in ihrer Wirkung.

Die meisten Sorten hat die *Iris reticulata*-Gruppe zu bieten. Sie sind zauberhafte Blütenpartner zu *Iris danfordiae* wie auch zu den ersten Schneeglöckchen und den Winterlingen. Im Gegensatz zu *Iris histroides* 'Major' erscheinen ihre Blüten erst, wenn die ersten Blättchen zu sehen sind. Der Name *reticulata* stammt übrigens aus dem Lateinischen reticulum = Netzchen, weil die haselnußgroßen, hellfarbenen Zwiebelchen in der Ruhezeit von einer netzartigen, trockenen Hülle umgeben sind. Von *Iris reticulata,* die dunkelviolette Blüten besitzt und 15 cm hoch wird, werden Sorten angeboten, die alle etwas kleiner bleiben. Besonders schön ist die hellblaue 'Cantab' mit orangefarbenen Punkten, die rötlichpurpurne 'J. S. Dijt', die so herrlich duftet, daß man sich zu den Blüten hinunterbeugen sollte und die himmelblaue, über den Blättern blühende 'Harmony'. Die dunkelblauen Blüten von 'Joyce' zieren orangefarbene Flecken; 'Royal Blue' ist, wie der Name sagt,

von königsblauer und 'Wentworth' von dunkelpurpurner Farbe.
Man sollte auf dieses lustige Irisvölkchen nicht verzichten, die auch in Schnee und Eis das Blühen nicht vergessen und die zu einer Zeit blühen, in der im Garten noch alles grau und blütenleer ist. Zwergiris gehören deshalb auch in die Nähe des Hauses, vor die Terrasse oder den Hauseingang, überall dort, wo man sie nah vor Augen hat und wo sie, von der Sonne beschienen, auch noch zart und lieblich duften.
Bevorzugter Platz für diese hübschen Pflänzchen ist der Steingarten zwischen Polsterstauden, die allerdings die Zwiebelzwerge nicht überwuchern dürfen. Lieber sollte man die Stauden zurückdrängen.
Gesteckt werden die Zwiebelchen möglichst früh im Jahr, am besten im September/Oktober in einen humusreichen, mit Sand aufgelockerten Boden. Damit die Zwiebelchen auch in nassen Böden oder bei starken Regenfällen abtrocken können, sollte man sie, wenn die Blätter abgestorben sind, ausgraben und an einer überdachten, schattigen Stelle abtrocknen lassen, in Sand einbetten und im Herbst wieder pflanzen. Wem das zu umständlich ist, kann die Iris mit Folie bedecken.
Zwergiris können wie Tulpen und Hyazinthen auch für eine Blüte im Winter vorgezogen werden. Dazu pflanzt man 3–4 Zwiebelchen in einen 10 cm großen Topf und gräbt ihn im Garten ein. Weiterbehandlung siehe Seite 26.

Märzenbecher

Leucojum

Alle, die für die leisen Töne der Pflanzenwelt etwas übrig haben, werden sich am Märzenbecher erfreuen. Es ist vor allem die sogenannte Frühlingsknotenblume, *Leucojum vernum*, mit ihren wohlriechenden weißen, grüngelb gerahmten, hängenden Glockenblütchen, die Naturnähe und auch ein bißchen Romantik auf sonnige Gartenbeete bringt. Aber nicht nur dort blühen sie im März/April, auch im lichten Schatten von Sträuchern und Bäumen, deren Wurzelkonkurrenz nicht allzu stark sein sollte. Besonders wohl fühlen sie sich an feuchten Plätzen wie zum Beispiel am Ufer des Gartenteichs. Trockenheit dagegen ist Gift.

Der Märzenbecher (*Leucojum vernum*) wächst im lichten Schatten der Gehölze.

Märzenbecher, die großblumigen Begleiter der Schneeglöckchen, werden ab August (bis Oktober) etwa 8–10 cm tief gelegt; je früher man pflanzt, um so besser bilden sie Wurzeln. Unbedingt sollte man die Zwiebelchen mit Laub und Reisig vor dem Frost schützen und sie in Ruhe lassen. Das heißt, die Horste nach der Blüte kennzeichnen und nicht ständig dazwischen herumhacken. Flüssigdünger im Frühjahr fördert die Blütenentwicklung ungemein.

Sommertürchen

Leucojum aestivum

Wer Märzenbecher mag, sollte das Sommertürchen *(Leucojum aestivum)* ausprobieren. Die Blüten dieser hübschen Schwester des Märzenbechers erscheinen im Mai, meist erstreckt sich die Blüte bis in den Juni hinein. Die Blütenstiele, an denen sich mehrere weiße Glöckchen entwickeln, sind erheblich länger und auffallender (30–35 cm) als beim Märzenbecher.
Das Sommertürchen liebt feuchten Boden und kann durchaus einmal unter Wasser stehen.

Traubenhyazinthen

Muscari

Traubenhyazinthen sollten in keinem Frühlingsgarten fehlen. Sie sind anspruchslose und dauerblühende Kleinblumenzwiebeln für Steingärten, für die Ränder von Blumenbeeten und für naturnahe Gartenpartien.
Sie passen gut zu gelben Frühlingsprimeln, zu Zwergnarzissen oder unter Forsythien.
Sie alle blühen zuverlässig, je nach Sorte von April bis Mai, in mehreren Blautönen, aber auch in Weiß, eignen sich sowohl für den Garten wie auch für die Treiberei.
Die kleinen Zwiebeln werden möglichst im Herbst gesetzt, da sie noch im selben Jahr ihre grasartigen Blätter entwickeln. Am schönsten wachsen sie an sonnigen Plätzen oder zwischen Laubgehölzen, die zur Blütezeit noch nicht ausgetrieben haben und deshalb jeden Sonnenstrahl durchlassen. Da sie sich schnell ausbreiten, sollte man sie nicht zu eng, aber auch nicht zu flach (8–10 cm tief) pflanzen.
Es lohnt sich, *Muscari* nach Sorten und Arten auszusuchen, um

den Reiz dieser liebenswerten Pflanzengestalten noch zu steigern. Azurblau blüht *M. azureum*, ein hübscher Blütenpartner von *Iris danfordiae*.
M. armeniacum hat kobaltblaue Blüten zu bieten, die im April erscheinen. Sie ist die wertvollste Art. Die Sorte *M. armeniacum* 'Blue Spike' überrascht mit gefüllten Blüten. Die »wilde«, früher in Obst- und Weingärten anzutreffende *M. botryoides* hat

Traubenhyazinthen (*Muscari*) bilden dichte Blütenmatten (links). Zwerghyazinthe (*Puschkinia scilloides* var. *libanotica*, oben).

himmelblaue Blüten, wird aber im Gegensatz zu der weißen Form 'Album' nur selten angeboten.
Sehr hübsch ist *M. comosum*, die im Mai/Juni blüht, bis 70 cm hoch werden kann und mit einem blauen Schopf unfruchtbarer Blüten sehr originell wirkt. Das kann man auch von *M. comosum* 'Plumosa' behaupten, die große rötlich-violette, sehr lockere Blütenstände besitzt und eigentlich gar nicht wie eine »richtige« Traubenhyazinthe aussieht.

Zwerghyazinthe
Puschkinia

Wo Zwerghyazinthen (*Puschkinia scilloides* var. *libanotica*, nach einem besseren deutschen Namen wird noch gesucht), angeboten werden, sollte man zugreifen. Denn diese nur 15 cm hohen, meist schon im März lichtblauweiß blühenden Liliputaner verdienen einen Platz im Garten. Man pflanzt sie in den Steingarten und überall dort, wo sie von der Terrasse oder vom Wege aus gesehen werden. Gepflanzt wird im September/Oktober dicht nebeneinander in 8–10 cm Tiefe.
Wie viele andere Kleinblumenzwiebeln bilden die Puschkinien große Horste, wenn sie nicht durch tiefes Hacken gestört und dabei sogar zerstört werden.

Der Spanische Blaustern (*Hyazinthoides hispanica*) wächst und blüht im Schatten wie an Sonnenplätzen.

Blausternchen
Scilla

Scilla, vor allem *Scilla sibirica,* gehören wie Schneeglöckchen, Krokusse, und Winterlinge eigentlich in jeden Garten, auch deshalb, weil sie mit ihrem klaren Blau schon dunkle Februartage erhellen können. Im März sind sie bestimmt zur Stelle.
Sie fühlen sich unter und zwischen Gehölzen wohl, passen in Stein- und Heidegärten und können sogar zusammen mit Hyazinthen und Narzissen »getrieben« werden. Die Knollen kommen 10–15 cm tief in die Erde. *Scilla* sollen sofort nach dem Einkauf gepflanzt werden, weil die Knöllchen sonst schnell austrocknen. Da wartet man dann vergeblich auf Blätter und Blüten. Die Pflanzzeit ist der Herbst. Schön, daß sie sich durch Selbstaussaat vermehren, vorausgesetzt, man schneidet die Samenstände nicht ab.
Es gibt auch eine weißblühende, wenig bedeutende Art.
Manche Gartenfreunde pflanzen sie in Rasenstücke, wo Moos überhand nimmt und kein Gras mehr wächst. In wenigen Jahren haben sich hier und anderswo die Blausternchen zu leuchtendblauen Teppichen zusammengeschlossen.
Leider nur selten angeboten wird die in England sehr beliebte *Scilla nutans* mit kleinen blauen Blüten, die sich ebenfalls hervorragend zum Verwildern eignet.
Öfter findet man *Scilla mischtschenkoana,* meist noch unter der Bezeichnung *S. tubergiana,* eine der schönsten *Scilla*-Arten, die noch dazu besonders früh blüht und deshalb zwischen

Schneeglöckchen, Winterlingen und Krokussen wachsen sollte. Wie diese entfaltet sie ihre blaßporzellanblauen Blüten von Februar–März. Die Farbe ist zwar etwas zurückhaltend – die Sorte 'Zwanenburg' bietet ein wesentlich intensiveres Blau – paßt aber zum Vorfrühling, in dem grelle Farben nicht am Platze sind. Es empfiehlt sich, die Zwiebeln dort zu legen, wo ein guter Wasserabzug vorhanden ist; dann säen sie sich von selbst aus und vermehren sich rasch.

Spanischer Blaustern

Hyazinthoides hispanica

Bei dem Spanischen Blaustern *(Hyazinthoides hispanica)* der in keinem Garten, vor allem nicht in den naturnahen, fehlen darf, konnten sich die Botaniker nicht über den richtigen Namen einigen. Erst nannten sie ihn *Endymion campanulatus,* dann *Scilla campanulata,* später *Scilla hispanica* und schließlich *Hyacinthoides hispanica.* Das ist gut zu wissen, da diese hübsche Blumenzwiebel unter verschiedenen Bezeichnungen angeboten wird.
Er blüht im Schatten der großblumigen Hauptakteure des Frühlingsblumengartens. Das ist wörtlich zu nehmen, denn diese etwa 30 cm hohe, wertvolle Gartenpflanze, aus deren dunkelgrünen Blatthorsten sich die glockenförmigen Blüten in dichter Fülle entwickeln, wachsen und blühen im Schatten der Sträucher und Bäume. Der Wurzeldruck der Gehölze scheint dem Spanischen Blaustern ebenso wenig auszumachen wie die Kargheit und Nährstoffarmut des Bodens. Die Anspruchslosigkeit dieser hübschen Pflanze ist kaum zu übertreffen.
Erstaunlich, daß der Spanische Blaustern Sonne verträgt und deshalb genauso gut als Dauerblüher für Staudenbeete, Rabatten, Steingärten empfohlen werden kann. Der Blaustern ist eben eine Blumenzwiebel-Art für alle Fälle, die im Winter in der Erde bleibt und sich deshalb auch für naturnahe Gärten, für Hanglagen und Böschungen hervorragend eignet.
Wir pflanzen diese im Mai blühende *Scilla* etwa 5–10 cm tief in Tuffs zu 20–30 Stück in 5–8 cm Entfernung und lassen sie solange in Ruhe, bis sie nach einigen Jahren dicht zusammengewachsen sind. Dann können sie geteilt und wieder neu gepflanzt werden.
Den Spanischen Blaustern gibt es in mehreren sehr hübschen Farben, in Himmel- und Dunkelblau ('Excelsior') und Weiß ('White City') und in einem besonders wirkungsvollen kräftigen Lilarosa ('Queen of the Pinks'), das unter den Blütenpflanzen des Frühlings in dieser Farbe und Leuchtkraft nur selten zu finden ist.

Sie blüht oft schon im Februar: die wertvolle *Scilla mischtschenkoana.*

Sie blühen im Sommer und im Herbst

Blumenzwiebeln, die im Frühjahr blühen, kennt jedes Kind. Es gibt aber noch andere, von gleicher Blütenschönheit: Das sind die sommerblühenden Blumenzwiebeln und Blumenknollen, die den Blütenreigen der frühlingsblühenden Krokusse und Narzissen fortsetzen, oft bis zum herbstlichen Frost. Das ist gewissermaßen ein Staffellauf der schönen Blumen.
Dahlien, Lilien und Gladiolen sind die Spitzenreiter in der Gunst der Blumenfreunde. Zu recht, haben sie doch eine riesige Sortenvielfalt und eine Farbenpracht zu bieten, auf die wohl niemand verzichten möchte. Außerdem sind sie zuverlässig, bleiben fast immer von Krankheiten und Schädlingen verschont und blühen selbst bei schlechtem Wetter.
Zu den Sommerblühern gehören aber auch Blumenzwiebeln und Knollen, die nicht in jedem Garten blühen, aber Beachtung verdienen und alle mal ausprobiert werden sollten.
Es lohnt sich beispielsweise ein Versuch mit der Abessinischen Sterngladiole *(Acidanthera)* mit ihren weißen wohlriechenden Sternenblüten oder mit großblumigen Anemonen mit gefüllten oder einfachen Blüten in leuchtenden Farben. Sie sind für Beete und als Schnittblumen gleich gut geeignet.

Riesig ist die Anzahl der Dahlien-Sorten. Sie unterscheiden sich in Farbe und Blütenform.

Bemerkenswert ist auch die *Galtonia* (Sommer-Hyazinthe) mit ihren hohen, von weißen Blütenglocken übersäten Blütenschäften. Die Montbretien erfreuen uns mit zierlichen eleganten Blütenrispen in gelben, orangefarbenen und roten Farbtönen. Ihre Blütenstiele halten sich sehr lange in der Vase wie auch die der roten Ranunkeln. Wer außergewöhnliche Blüten liebt, sollte unbedingt Ismenen, die Botaniker neuerdings *Hymenocallis* nennen, pflanzen. Eine Attraktion im sommerlichen Blumengarten stellen die etwa 40 cm hohen Tigerlilien *(Tigridia)* dar. Man sollte sie in größeren Mengen pflanzen, um vom Hochsommer bis zum Herbst ihre Schönheit voll genießen zu können.

Aber das ist noch längst nicht alles. Aus Knollen oder Zwiebeln wachsen und blühen im Sommer:

1. Die blaublütige *Liatris,* Prachtscharte genannt,
2. der außergewöhnliche Lilienschopf *(Eucomis),*
3. die duftenden Gartenfreesien, noch schöner und größer als die, die man beim Floristen erhält,
4. das Farbwunder *Sparaxis,* eine nahe Verwandte der Freesie, nur von etwas zarterer Natur,
5. die Jakobslilie *(Sprekelia),* von nicht wenigen Blumen- und Gartenfreunden als die Krone der Blumenzwiebelschöpfung bezeichnet,
6. den straußblütigen Milchstern, *Ornithogalum,* der auf den lautmalerischen Namen »Chincherinchee« hört, und
7. die prächtige, großblumige und großblättrige Hakenlilie, *Crinum.*
8. Höhepunkt des sommerlichen Blumenzwiebellebens sind die mächtigen Blütenkerzen der *Eremurus,* auch Kleopatranadel oder Steppenkerze genannt. Meterhohe Blütenstände erheben sich über strahlenförmig angeordneten imponierend schönen Blattschöpfen.

Dann gibt es noch Spezialisten, die im Herbst blühen, wie die Herbstkrokusse, die berühmte Herbstzeitlose *(Colchicum)* und die fast unbekannte *Sternbergia.*

Dahlien

Dahlia variabilis

Erfahrene Gartenfreunde singen immer wieder wahre Loblieder auf die Dahlien *(Dahlia variabilis),* die unbeirrt in Sonne und Regen, in heißen und kalten Wochen die ganze Farbenpracht ihrer leuchtenden Blüten entfalten. Das hätte man sich am 7. Oktober des Jahres 1790 im Botanischen Garten zu Madrid nicht träumen lassen, als dort die erste Dahlie auf europäischem Boden heranwuchs. Der Direktor des Botanischen Gartens von Mexiko, Vincentes Cervantes, hatte den Samen nach Spanien geschickt. Cervantes? Ja, es war ein Nachkomme des großen spanischen Dichters und

Menschenfreundes, der die Dahlien über den Ozean brachte. Linné benannte die Pflanze später nach seinem Schüler Andreas Dahl. Er hätte die neue Pflanze ruhig Cervantine nennen können; aber er kannte wohl den Señor Cervantes nicht, dessen Ahne so viel Menschen und vor allem Kinder mit seinem Don Quichote glücklich machte.

Bei den einfachblühenden Dahlien bilden 6–10 Blütenblätter einen Kranz.

Bevor Herr Linné sie jedoch in seinem riesigen Pflanzenlexikon als Dahlie einordnete, trug sie bereits andere Namen. Die letzten Inkas nannten sie Cocoxochitl, und in Berlin hieß sie im vorigen Jahrhundert noch Georgine. Alexander von Humboldt hatte sie in Mittelamerika entdeckt und nach Berlin, in den dortigen Botanischen Garten geschickt, wo sie, nach dem russischen Botaniker Georgi benannt, bald zur beliebtesten Blume des Biedermeier wurde. Schon bald wurden Kreuzungen vorgenommen, und es entstanden allerhand neue Sorten mit den unterschiedlichsten Blütenformen. Ab 1814 etwa waren Dahlien in Europa gut bekannt. Mehr als 20 000 verschiedene Sorten zeugen heute vom Züchterfleiß der Dahlien-Gärtner. Dahlien sind eine sehr vielseitige Pflanzenfamilie, deren Vertreter sich für viele Zwecke eignen: Anemonenblütige- und Halskrausedahlien sind sehr schöne Rabattenpflanzen, Kaktus-, Schmuck-, Semikaktus- und Pompondahlien hervorragende Schnittblumen und Mignon- und Miniaturdahlien bewährte Beetpflanzen von Balkonkästen und Pflanzschalen.

Standort, Pflanzung

Dahlien sind Muster an Zuverlässigkeit. Sie kommen im April/Mai in die Erde, nicht früher, da immer noch mit den Eisheiligen gerechnet werden muß. Grundsätzlich gilt, die Knollen so früh wie möglich zu pflanzen, vor allem kleinere Knollen, die es schwerer haben, sich zu entwickeln als größere. Trotzdem sollten die (überwinterten) Knollen nicht zu groß sein; am besten wachsen Knollen mit drei Trieben.
Vor dem eigentlichen Pflanzen, das so flach erfolgen muß, daß die Stiele (oder Triebe) noch über dem Boden hinausragen, empfiehlt es sich, die überwinterten Knollen sorgfältig durchzusehen und alle faulen und zerquetschten Teile auszusondern; auch sollte man zu lang oder gelb gewordene Triebe

entfernen, da sie ohnehin nicht lebensfähig sind. Große Knollen sollten geteilt werden.
Dann wird das Pflanzloch ausgehoben und ein Haltestab eingesetzt. Denn die großen Sorten brauchen Halt und Stütze durch einen Pfahl, damit die Triebe mit ihren schwergewichtigen Blütenköpfen nicht auseinanderbrechen. Aber den Pfahl nicht erst anbringen, wenn die Dahlien zu wackeln beginnen, sondern noch vor dem Einsetzen der Knollen, damit diese nicht verletzt werden.
Die Knolle wird dann mit Erde bedeckt, wobei der Aushub mit Komposterde oder einem fertigen Pflanzsubstrat wie z.B. vorgedüngtes Plantahum vermischt wird. Es hilft den Pflanzen auch ganz schön auf die Sprünge, wenn der Komposterde organischer Dünger wie Horn- und Knochenmehl oder Guano zugefügt wird.
Nicht vergessen, reichlich gießen, auch bei kühlem Wetter; denn durch das »Einschlämmen« schmiegt sich die Erde an die Knollen an, was wiederum die Triebentwicklung nicht unbeachtlich fördert. Sollten sich schon vor den Eisheiligen Triebe entwickelt haben, kann Frostschutz nötig sein. Dazu ziehe man federleichtes Vlies über die jungen Pflanzen, das wie eine schützende und wärmende Decke wirkt. Von Folie ist abzuraten, da durch das Gewicht, in dem sich auch schon mal der Regen hält, die weichen Triebe abknicken können.

Halskrause-Dahlien werden 1–1,5 m hoch und passen zu höherwachsenden Stauden.

Man kann auch niedrigwachsende Dahlien aus Samen heranziehen mit einer Aussaat im März am Zimmerfenster oder im Kleingewächshaus. Es ist ein hübsches Spiel und für Gartenfreunde zu empfehlen, die Spaß am Experimentieren aber auch genug Platz für diese hübschen Dahlienzwerge haben. Diese in Sorten erhältlichen Dahlien, die auch als fertige, blühende Pflanzen von Garten-Centern angeboten werden, eignen sich vor allem für eine Pflanzung in Balkonkästen, Blumenschalen, in Steingärten und an Wegesrändern. Auch sie bilden Knollen, die im nächsten Jahr dann wieder gepflanzt werden können.

Vortreiben

Dahlien lassen sich, wie bei Knollenbegonien und Canna unumgänglich, vorziehen oder vortreiben. Die frühe Blüte lohnt die Mühe allemal, da im April herangezogene Pflanzen bereits im Juni zu blühen beginnen. Dazu werden die Pflanzen ganz einfach in Töpfe oder andere große Gefäße gesetzt oder in einem Frühbeetkasten

Anemonenblütige Dahlien bieten besonders attraktive und haltbare Schnittblumen.

ausgepflanzt. Ins Freie dürfen die bereits wenige Wochen später zu ansehenlichen Büschen herangewachsenen Dahlien erst nach den Eisheiligen, da Dahlien sehr unter Frost leiden.
Hohe Sorten beanspruchen viel Platz: mehr als 4 Knollen sollten nicht auf den Quadratmeter gepflanzt werden; bei den kleinen können es 6–8 sein, während Mignon- und Topmix-Dahlien Abstände von 25–30 cm benanspruchen. Dahlien wachsen sehr schnell. In wenigen Wochen ist aus den unscheinbaren Dahlienknollen ein gesunder Busch geworden, auf dem meist schon im Juli Knospen und Blüten erscheinen. Das Blütenfest der Dahlien hält bis November an.

Düngen und Gießen

Wurde der Boden »vorgedüngt«, genügt es, erst vier Wochen später mit dem eigentlichen Düngen zu beginnen. Es reicht aus, die Dahlien monatlich mit Flüssigdünger zu versorgen, in einem Mischungsverhältnis von Wasser zu Dünger, wie es bei Balkon- und Kübelpflanzen üblich ist. Bei starker Trockenheit, Dahlien zeigen es durch Schlappwerden der Blätter sofort an, muß kräftig gewässert werden.

Dahlien-Überwinterung

Die Dahlienknollen vermehren sich, gleich ob auf dem Blumenbeet oder in einem Pflanzgefäß, in einem Jahr um das Doppelte, so daß man sich von einigen Knollen trennen sollte (an Freunde oder Nachbarn verschenken), um die Überwinterung nicht zu einem Platzproblem werden zu lassen.
Früher hieß es, Dahlienknollen kommen wie Kartoffeln durch den Winter. Was natürlich heutzutage nicht mehr gilt, weil keine erdfeuchten, kühlen Keller mehr vorhanden sind. Ein Winterquartier sollte Temperaturen von 8–10 °C aufweisen und gelüftet werden können. Nach den ersten leichten Frösten, wenn die oberirdischen Teile erfroren sind, nimmt man die Knollen sorgfältig aus dem Boden. Im allgemeinen ist dazu die zweite Oktoberhälfte die beste Zeit. Beim Herausnehmen dürfen die Knollen nicht verletzt werden. Deshalb eignet sich hier für eine Grabegabel am besten. Verletzte Knollen schneidet man zur Verhütung von Fäulnis an der Basis ab und verschließt die Wunde mit Holzkohlenstaub.
Vorher wird die Erde grob abgeschüttelt und ein etwa 6 cm langer Stengel drangelassen. Je

mehr Grün an der Knolle verbleibt, um so größer ist die Fäulnisgefahr.
Sind die Knollen etwas abgetrocknet und alle fäulniserregenden Teile wie Faserwurzeln oder an den Stengeln befindliche Blätter entfernt, können die Knollen gelagert werden.
Gut bewährt hat sich an Stelle der problematischen Lagerung in Torf die Überwinterung in Plastiktüten, die in jedem Haushalt vorhanden sind. Zur Sicherheit und besseren Kontrolle läßt man die Türen zunächst offen und beobachtet den Verlauf des Ruheprozesses. Neigen die Knollen zu allzu starker Trokkenheit, so fülle man trockenen Torf in die Tüten ein. Unerläßlich ist die regelmäßige Überwachung der Knollen, die, wenn nötig, schon mal umgepackt werden müssen, vor allem, um möglicherweise entstandene Fäulnisstellen zu entfernen.

Die Gruppen der Dahlien

Bei keiner anderen Blume gibt es jährlich so viele neue Sorten wie bei der Dahlie, die sich allerdings einer gestrengen Kontrolle von Fachleuten unterziehen muß. Die Deutsche Dahlien- und Gladiolengesellschaft hat deshalb schon in den zwanziger Jahren Dahlienprüfungen ins Leben gerufen, die heute noch durchgeführt werden.
Jede deutsche Sorte muß diese Prüfung durchlaufen haben, bevor sie in den Handel gegeben wird, doch sind auch ausländische Sorten zur Prüfung zugelassen. In einem zweijährigen Test werden die neuen Sorten unter unterschiedlichen klimatischen Bedingungen auf den Prüfungsfeldern in Hamburg, Essen, Landau und Stuttgart auf Herz und Nieren geprüft. Zum Abschluß gibt es je nach errungener Punktzahl das Prädikat sehr gut, gut oder befriedigend.
Unabhängig von dieser »amtlichen« Prüfung führt die Parkverwaltung der Insel Mainau jährlich eine Publikumsabstimmung über die mehr als zweihundert dort ausgepflanzten Dahliensorten durch. Interessanterweise hat es sich gezeigt, daß das Urteil der Tausenden von Besuchern mit dem der Fachleute weitgehend übereinstimmt.
Um einen Überblick über die vielen Sorten zu bekommen, gibt es eine Einteilung nach Klassen, die im Laufe der Jahrzehnte immer wieder korrigiert wurde.
Immerhin wird mit dieser Gruppen- oder Klassen-Einteilung vor allem eine Übersicht über die sehr unterschiedlichen Blütenformen, vielfach auch über die Wuchshöhe und die Verwendungsmöglichkeit gegeben. Die Kenntnis der Gruppen hat deshalb auch einen praktischen Sinn.

Die Farbenvielfalt und -schönheit der Dahlien ist beeindruckend. Hier eine Seerosen-Dahlie.

Einfach blühende Dahlien (Sin.)
Dazu gehören nur Sorten, bei denen 6–10 Blumenblätter einen Kranz um die Blütenscheibe bilden. Die Blumenblätter können sich überlappen.

Anemonenblütige Dahlien (Anem.)
Die Vertreter dieser Gruppe werden auch Clematis-Dahlien genannt. Ihre Scheibenblüten bilden ein wölbendes Kissen und sind deshalb länger als bei den einfachen Dahlien. Manche Sorten werden 40–50 cm, andere 100–120 cm hoch. Sie entstanden bereits 1831 in England und zeichnen sich durch eine besonders lange Haltbarkeit in der Vase aus.

Halskrause-Dahlien (Coll.)
Sie besitzen Blüten mit einem einfachen äußeren Ring von meist flachen Blütenblättern mit einem inneren Ring von kleinen Blütenblättern von unterschiedlicher Farbe (der Halskrause). Sie werden je nach Sorte 1–1,5 m hoch.

Seerosen-Dahlien (Seer.)
Die Seerosen-Dahlien gehören an sich zu den »Dekorativen«. Wegen ihrer Seerosen-ähnlichen Form und ihrer Beliebtheit wurde für sie eine eigene Klasse gebildet. Die Blüten sind vollständig gefüllt und durch große, meist schmale Blütenblätter gekennzeichnet. Sie geben der Blüte ein flaches Aussehen. Gegen Abend schließt sich die Blüte; eine Erscheinung, die nur bei dieser Dahlien-Klasse beobachtet werden kann. Die Höhe der Büsche liegt bei 50–75 cm. Sie sind meist standfest, brauchen also keine Stütze.

Dekorativ-Dahlien (D)
Diese Dahlien haben dichte, gefüllte Blüten mit breiten Blütenblättern, die gelegentlich nach innen oder außen gerollt, meist aber flach sind. Die deutsche Bezeichnung für Dekorativ-Dahlien: Schmuck- und Riesenschmuckdahlien, was eigentlich dasselbe bedeutet. Die Zahl der Sorten ist unübersehbar groß. Bei einer Höhe von 1–1,5 m müssen die Büsche fast immer mit Haltestab versehen werden.

Ball-Dahlien (B)
Balldahlien waren die ersten Sorten mit gefüllten Blüten. Sie entstanden bereits 1808 bei Hartwig in Karlsruhe. Die dichtgefüllten ballförmigen Blüten weisen einen Durchmesser von etwa 15 cm auf; die Höhe schwankt zwischen 50–150 cm. Die Blütenstiele eignen sich hervorragend als Schnittblumen.

Pompondahlien (P)
Die Blüten sind noch stärker gerundet, als die der Balldahlien und auch etwas kleiner. Man kann sie als Weiterentwicklung der Balldahlien bezeichnen. Die Blüten messen meist nur 3–5 cm im Durchmesser. Die Pflanzen werden je nach Sorte 60–120 cm hoch. Die meisten sind einfarbig, manche auch zweifarbig. Pompondahlien haben einen hohen Gartenwert.

Die Zahl der Sorten von Dekorativ-Dahlien ist besonders groß.

Cactus-Dahlien (C)
Bereits 1870 sollen Dahlien dieser Klasse in unseren Gärten geblüht haben. Infolge ihrer Ähnlichkeit mit den Blüten einiger Kakteenarten, wie zum Beispiel der Königin der Nacht, entstand der Name Cactus-Dahlie. Die Sorten wachsen meist recht kräftig und erreichen Höhen bis zu 1,50 m.
Die Blüten überraschen durch ausgesprochen leuchtende Farben und sind außerdem noch dicht gefüllt. Ihr besonderes Merkmal sind die zugespitzten und überwiegend schmalen, eleganten Blütenblätter.

Semi-Cactus-Dahlien
Auch diese Dahlien werden etwa 1,50 m hoch und weisen genauso dichtgefüllte Blüten wie die Cactus-Dahlien auf. Die Blütenblätter sind überwiegend schmaler als bei den Dekorativ-Dahlien, aber breiter als bei den Cactus-Dahlien.

Diverse Dahlien
Hierzu gehören alle Dahlien, die nicht eine der anderen Gruppen zugeordnet wurden, wie zum Beispiel die 'Orchideenblütigen' und einige andere Gruppen.

»Alte« Klassenbezeichnungen

Da es erfahrungsgemäß lange dauert, bis sich diese neue ziemlich akademische Einteilung vor allem im Handel durchgesetzt hat, sollte man die in Katalogen, Preislisten, aber auch in Garten-Centern, Versandhäusern und Dahlien-Spezialgärtnereien »alten« Klassenbezeichnungen kennen. Das hilft beim Einkauf und der Bestellung, und löst so manches Namensrätsel.

Hirschgeweih-Dahlien
Sie bilden in der neuen Nomenklatur keine eigene Klasse. Es handelt sich meistens um große Cactus- oder Semicactus-Dahlien, deren Blütenblätter am Ende gezackt oder geschlitzt sind.

Schmuck-Dahlien oder Riesenschmuckdahlien
Das ist die in Deutschland früher gebräuchliche Bezeichnung für Dekorativ-Dahlien.

Balldahlien eignen sich besonders gut als Schnittblumen.

Cactus-Dahlien sind von kräftigem Wuchs (links). Hirschgeweih-Dahlien sind Kaktus-Dahlien mit geschlitzten Blütenblättern (rechts).

Mignon-Dahlien
Sie gehören zu den einfachen Dahlien (Klasse 1). Die Blüten sind zumeist einfarbig, einige Sorten auch zweifarbig. Sie blühen früh und reichlich. Es empfiehlt sich, alles Abgeblühte von den etwa 40–60 cm hohen Büschen zu entfernen, da sonst die Blühwilligkeit nachläßt. Man sollte sparsam sein mit dem Düngen, sonst bilden Mignon-Dahlien riesige Büsche und wenig Blüten. Sie brauchen keinen Stab und eignen sich hervorragend als Schnittblumen. Das Farbenspiel der 6–9 cm im Durchmesser großen Blüten ist groß.

Topmix-Dahlien
Diese Dahlien, die auch Zwerg-Mignon genannt werden, haben die kleinsten Blüten aller Klassen (2–4 cm im Durchmesser). Diese Dahlienart eignet sich für eine Pflanzung an Wegrändern und in Pflanzgefäßen.

Dahlien im Balkonkasten

Zwergdahlien, auch als Topmix-Dahlien bekannt, sind wie für Balkonkästen oder Pflanzschalen geschaffen – aus einem einfachen Grund: Wie so viele auf Gartenbeeten unauffällig scheinende Blütenpflanzen kommen diese kleinblütigen Dahlien in Augennähe erst so recht zur Geltung.
Die Topmix-Dahlien bilden dicht geschlossene Büsche von 25–40 cm Höhe und sind übersät von, je nach Sorte, roten, orangefarbenen, weißen oder tiefgelben Blüten.
Nur wenig größer, rund 30–50 cm hoch, werden die Mignon-Dahlien, die man ebenfalls in Balkonkästen und Kübel pflanzen kann. Sie beginnen schon sehr früh zu blühen, und erst der Frost beendet den unermüdlichen Blütenflor. Vorgezogen werden die Dahlien wie weiter vorn beschrieben. Ins Freie gestellt werden sie nach den Eisheiligen an einen sonnigen, geschützten Platz. Im Spätherbst schneide man die Triebe etwa 10 cm hoch über den Knollen ab und grabe sie zum Zwecke der Überwinterung vorsichtig aus. Die Überwinterung erfolgt genau wie bei normalen Dahlien.

Gladiolen

Gladiolus

Genauso unkompliziert wie die Dahlien sind die Gladiolen, die zu den schönsten Schnittblumen des Sommergartens gehören. In Gruppen gepflanzt, sind sie aber auch blütenschöne Mittelpunkte der Blumenbeete aus Einjahrsblumen und Stauden.
Die etwas steif aufrechtwachsenden Gladiolen verlangen geradezu nach einer Unterbepflanzung aus möglichst teppichbildenden Blütenpflanzen wie beispielsweise Fleißige Lieschen *(Impatiens walleriana)*. Wunderschön sieht es aus, wenn zu Füßen leuchtendroter Gladiolen reinweiße Fleißige Lieschen blühen oder wenn gelben Gladiolen hellrote »Lieschen« zugesellt werden. Da mag man gar keine mehr abschneiden.
Hübsche Blütenpartner für Gladiolen sind die kleinblumigen Sanvitalien, die aussehen wie klitzekleine Sonnenblumen.
Nach dem Auslegen der Knollen sollte man gleich das einjährige Steinkraut *(Lobularia maritima)* dazwischensäen. Diese kleine Duftpflanze entwickelt schnell dichte, je nach Sorte weiße, lilafarbene oder rosa Blütenpolster zwischen den Gladiolen und decken schnell die noch kahle Erde zu. Duftsteinrich, so ein anderer deutscher Name, kann im April ausgesät, ab Juni auch die abgeblühten Tulpen und Narzissen unter seinen kleinen, von Bienen umschwärmten Blütchen »verschwinden« lassen. Wer die Stiele kurz vor dem völligem Abblühen abschneidet, kann mit einem zweiten Flor rechnen.
Auch die einjährige Schleifenblume *(Iberis umbellata)* läßt sich zwischen Gladiolen säen; auch hier sollte man die reinweißen Blüten wegen eines zweiten Flors zurückschneiden.

Pflanzzeit

Manche Gartenfreunde pflanzen Gladiolen nur als Schnittblumen; zu diesem Zweck empfiehlt sich eine windgeschützte Stelle in voller Sonne, südlich von Zäunen und Mauern oder in Gruppen in Blumenbeeten.
Zu empfehlen ist, nicht alle Gladiolen auf einmal zu legen, sondern von Mitte April bis Anfang Mai in Abständen von 14 Tagen. Dann hat man mehr und länger etwas von ihnen, weil sie dann nicht alle zu gleicher Zeit blühen.

Großblumige Gladiolen gehören zu den schönsten Schnittblumen des Sommerblumengartens.

Gladiolen blühen reicher in einem nicht zu mageren, sondern in einem mit organisch-mineralischem Dünger gut versorgten und gelockerten Boden. Die Knollen kommen etwa 8–10 cm tief im Abstand von 15–20 cm in die Erde. Wer es nicht genau weiß: Die flache Seite der Knolle gehört nach unten.

Pflege

Während der Wachstumszeit ist für regelmäßige Bewässerung zu sorgen. Als Schutz vor dem Umfallen der blütenschweren Stiele sollten Gladiolen stets angebunden werden. Beim Schneiden der Blumen ist darauf zu achten, daß zur Stärkung der Knolle möglichst viele Blätter an der Pflanze verbleiben, Gladiolenknollen sollte man recht bald nach dem Abblühen, wenn das Wachstum abgeschlossen ist, aus der Erde herausnehmen, trocknen und putzen und dann luftig und frostfrei überwintern (siehe Dahlienüberwinterung).

Sorten

Ein reichhaltiges Sortiment mit schönen Farben und interessanten Blütenformen läßt keine Wünsche offen. Da sind zuerst die Edel- oder Gartengladiolen mit zahlreichen Farbsorten, die allerdings einem raschen Wechsel unterworfen sind, so daß Namensnennungen nur verwirren würden. Man halte sich an das Angebot des Fachhandels

Die Schmetterlingsgladiolen, mit kleineren Blüten, werden nur 60–80 cm hoch.

oder der Versandgeschäfte. Die großblumigen Hybriden werden etwa 1,5 m hoch.
Die sogenannten Nanus-Gladiolen bleiben niedriger, etwa 60–80 cm und unterscheiden sich von ihren großblumigen Schwestern durch erheblich kleinere Blüten von 5–6 cm Durchmesser, die an dünnen drahtigen Stielen sitzen. Die Blüten zeigen eine lebhafte Zeichnung und sind lockerer im Aufbau. Nanus-Gladiolen blühen früher, meist im Juni/Juli, dabei kommen mehrere Blütenstiele aus einer Knolle.
Wer die zwar farbige, aber doch steife Pracht der großwachsenden Gladiolen nicht mag, der halte sich an Schmetterlings- oder Butterfly-Gladiolen. Sie werden etwa 80–100 cm hoch; die Blüten sind etwas kleiner als bei den Edelgladiolen, oft

Starke Regenfälle, Sturm und Wind lassen unsere Dahlien (in hochwachsenden Sorten) und Gladiolen oft regelrecht zusammenbrechen. Deshalb auf diese prächtigen Sommerblüher verzichten? Auf keinen Fall.
Besser und sicherer als das Aufbinden sind die autolenkradähnlichen Stützkränze aus grünem Kunststoff. Dieser Kranz wird vor der Pflanzung auf das Beet gelegt, und in jedes der 5 Fächer kommen dann 2–3 Gladiolenknollen 5–10 cm tief. Bei Dahlien genügen 2–3 Knollen für alle 5 Sektoren, weil sie mehr in die Breite wachsen; später werden dann die einzelnen Triebe vorsichtig in den Fächern verteilt.
Wenn dann die Pflanzen etwa 25–30 cm groß sind, muß ein Stiel her, der in der Mitte des Ringes eingesetzt wird. Die Pflanzenstütze wird am Stiel festgedrückt. Der Stiel sollte ungefähr 20 cm tief in der Erde stehen. Die Dahlien und Gladiolen wachsen nun von selbst in die Fächer hinein. Je nach Wachstum schieben wir dann die Spitze etwas höher.

gewellt oder gefranst und stets mehrfarbig.
Die Schmetterlings- wie auch die Nanus-Gladiolen können enger als die großblumigen gelegt werden. Es empfiehlt sich auch hier beim Schnitt für Sträuße, 3–4 Blätter stehen zu lassen und nach dem Abschneiden kräftig zu düngen. Das gibt der Knolle Kraft für das nächste Jahr.

Lilien
Lilium

Lilien gehören zum Hochadel der Gartenblumen. Edel und elegant, schön und kostbar bleiben sie doch bescheiden in ihren Ansprüchen und wachsen und blühen auf Gartenbeeten wie andere, weniger prominente Gartenpflanzen auch.
Man möchte sie alle pflanzen: die Sorten mit den trichter-, schalen- oder türkenhutartigen Blüten, die es in herrlichen Farben vom reinen Weiß über Rosa und Rot bis hin zu lavendelfarbigen, grünlichen, blaß- bis dottergelben, orangefarbenen und braunen Farbtönen gibt. Riesen, Zwerge, Stolze und Verspielte, Kunterbunte und Einfarbige sind darunter.
Lilien sind Gartenpflanzen ersten Ranges auch deshalb, weil sie sich vielseitig im Garten verwenden lassen, also ganz und gar keine Solistenrolle spielen. Sie gehen blütenschöne Partnerschaften ein mit Rhododendron und anderen Sträuchern, sie passen gut in ein Prachtstaudenbeet, an das Ufer von Gartenteichen, an Wegesränder und die kleineren Arten in Steingärten. Manche blühen sogar unter Bäumen, wenn sie ausreichend zusätzlich ernährt werden.
Lilien standen und stehen aber auch in dem Ruf anspruchsvoll zu sein und im Garten Schwierigkeiten zu bereiten. Sieht man in Bauerngärten jahrzehntealte Horste der Feuerlilie, so mag man einem solchen Urteil eigentlich keinen Glauben schenken. Und man tut recht daran, denn Lilie ist nicht gleich Lilie. Die Gattung umfaßt etwa 100 Arten und ist über die ganze nördliche Erdhalbkugel verbreitet. Entsprechend unterschiedlich sind Boden-, Klima- und Standortbedingungen, die über Jahrtausende die Ansprüche und das Aussehen der einzelnen Arten geprägt haben. In den letzten Jahrzehnten gelang es durch intensive Züch-

Den Türkenbundlilien ähnelt *Lilium pumilum*, es gibt sie in hübschen, natürlich wirkenden Farbsorten.

tungsarbeit, miteinander verwandte, nach ihrem Aussehen aber unterschiedliche Arten miteinander zu kreuzen. Da diese Arten zum Teil recht verschiedenen Verbreitungsgebieten entstammten, zeichnen sich die Kinder solcher Ehen durch besondere Toleranz gegenüber wechselnden Umweltbedingungen aus. Darüber hinaus wird die Vielfarbig- und Vielgestaltigkeit dieser Liliengeneration von kaum einer anderen Gartenpflanze übertroffen.

Pflanzung, Pflege

Hier einige Hinweise, deren Beachtung den Erfolg mit Lilien fast garantiert:
Alle Lilien mögen einen luftig-lockeren Boden, der sich auch über eine längere Zeit hinweg nicht verdichtet, andererseits aber auch nicht zu schnell austrocknet.
Am besten wird die Pflanzstelle gut spatenstichtief umgegraben. Der Boden wird möglichst fein zerkleinert und durch Einbringen reichlicher Humusgaben (feuchter grober Kompost) verbessert. Bei schwereren Böden sollte scharfer Flußkies in die Pflanzerde mit eingemischt werden. Je gründlicher die Vorbereitung der Pflanzstelle, um so sicherer werden Lilien wachsen und sich vermehren. Die Pflanztiefe soll ungefähr das Zweifache des Zwiebeldurchmessers betragen! Eine Zwiebel mit einem Durchmesser von 6 cm soll also 10–12 cm tief im Boden liegen.
Die Madonnenlilie macht hier eine Ausnahme, sie sollte sich nur 2–3 cm unter der Oberfläche befinden. Die Pflanzzeitpunkte: So früh wie möglich im Herbst, spätestens Oktober/November; nur die Madonnenlilie, *Lilium candidum,* sollte im August gepflanzt werden. Auch im Frühjahr ist eine Pflanzung möglich; dieser Pflanzzeitpunkt empfiehlt sich besonders für *L.speciosum* und *L. auratum.*
Nach der Pflanzung wird die Pflanzstelle mit einer dreifingerdicken Schicht aus humusreicher Blumenerde, zum Beispiel Plantahum, abgedeckt. Diese Decke wirkt gegen ein rasches Austrocknen des Bodens, versorgt die Stengelwurzeln mit Nährstoffen und schützt die Zwiebel vor übermäßiger Wärme.
Grundsätzlich ist es günstig, wenn Lilienzwiebeln von flachwachsenden Pflanzen wie Stauden, Gräsern oder Farnen überzogen werden. Ein solcher Pflanzenteppich wirkt der Verdichtung und Austrocknung des Bodens entgegen.
Nährstoffkonkurrenz kann durch gezielte Flüssigdünger in den Monaten März bis Mai ausgeglichen werden. Eine Düngung sollte aber grundsätzlich erst ab dem zweiten Standjahr erfolgen.
Der ideale Standort ist ein heller, luftiger Platz, der nicht gerade der heißen Mittagssonne ausgesetzt ist. Je stärker die Sonnenbestrahlung um so größere Aufmerksamkeit sollte einer schützenden Bodendecke geschenkt werden. Abgesehen davon wirken Lilien in der Gesellschaft von Stauden und Gräsern viel natürlicher und ansprechender.
Zu empfehlen ist auch, das Mähgut vom Rasenmähen als Mulchschicht über die Lilien auszubreiten. Mit dieser Decke, die sonst auf dem Kompost verschwindet, bleibt der Boden kühl und feucht. Das hilft besonders den Lilienarten, die aus dem Stengel Wurzeln treiben. So zum Beispiel die Sorten der Prachtlilien *(Lilium speciosum),* die sich besonders in Rhododendron-Pflanzungen wohlfühlen, weil sie wie diese einen sauren humosen Boden lieben.
Die Ansprüche der einzelnen Lilienarten und -gruppen sind ihrem natürlichen Vorkommen entsprechend ziemlich unterschiedlich.

Sie heißen zu Recht Prachtlilien, die *Lilium speciosum*-Hybriden.

Wo sie die beschriebenen Wachstumsbedingungen vorfinden, bleiben Lilien frei von Krankheiten und Schädlingen. Nur gegen Schnecken muß man etwas unternehmen. Sie haben die Lilien zum Fressen gern genauso wie das Lilienhähnchen, ein auf Lilien spezialisierter Käfer, der im Mai/Juni die Blätter benagt und dabei kreisrunde Kerben an den Blatträndern hinterläßt. Der signalrot gefärbte Käfer ist gut zu erkennen (auch zu hören) und kann deshalb leicht abgesammelt werden.

Die verschiedenen Lilien-Gruppen

Die asiatischen Hybriden

Die Vertreter der asiatischen Gruppe gingen aus Kreuzungen der Tigerlilie, der Feuerlilie und anderer in Europa und Asien beheimateter Festlandarten hervor. Von unvergleichlicher Farben- und Formenvielfalt werden sie bei entsprechender Pflanzung und Pflege in Mittelgebirgsgegenden oder auf der Alb ebensogut wachsen, wie in der Rheinebene oder im norddeutschen Tiefland. In diese Gruppe gehören aufrecht- bis seitlichblühende, schalenförmige Sorten wie 'Enchantement', 'Tabasco', 'Sonnentiger', 'Connecticut King', 'Sterling Star' oder 'Tamara' wie auch die mehr oder weniger türkenhutförmigen Fiesta- und Harlekin-Hybriden 'Citronella', 'Bronzino Strain', 'Burgundy' und 'Discovery'. Dies ist nur eine ganz kleine Auswahl dieser viele Sorten enthaltenden Gruppe, zu der immer neue Hybriden hinzukommen.

Die Goldbandlilie *(L. auratum)* liebt einen warmen und halbschattigen Platz.

Die Trichterlilien

Die Abkömmlinge der Trichterlilien (ihre bekannteste Vertreterin ist die Königslilie) und ihres äußerlich sehr ungleichen Paarungspartners, des Mandarintürkenbundes *(L. henryi)* sind ebenfalls äußerst sicher blühende Gartenlilien. Für Nord- wie Süddeutschland gleich gut geeignet, bevorzugen sie kühle, etwas schwere Böden.
Bewährte Aurelian-Hybriden (so nennt man diese Sorten) sind unter anderem 'Damson', 'Golden Splendor', 'Black Magic' oder 'Schellenbaum' mit trichterförmigen Blüten oder die mehr oder weniger zurückgeschlagenen 'Golden Sunburst' oder 'Bright Star'.

Die »Amerikaner«

Die amerikanischen Lilien mit ihrer bekanntesten Art, der Pantherlilie *(L. pardalinum)* und ihren Hybriden 'Bellingham', 'Shuksan', 'Buttercup', 'Afterglow' und anderen bevorzugen feucht-humose Böden, gedei-

Madonnenlilien (*L. candidum*) wachsen zu immer größeren Pflanzen heran.

hen aber auch an lehmigen Standorten.

Die orientalischen Lilien

Die orientalischen Lilien, deren bekannteste Ausgangsarten die Goldbandlilie *(L. auratum)* und die Prachtlilie *(L. speciosum)* sind, gehören zu den prächtigsten und exotischsten Vertreterinnen dieses Blumengeschlechts. So verführerisch ihre Schönheit auch ist, stellen sie und ihre Kinder wie 'Jamboree', 'Imperial Crimson', 'Empress of India' oder 'Pink Glory' hohe Ansprüche an Klima und Boden. Während sie im norddeutschen Küstengebiet in neutralen bis schwachsauren Böden üppig wachsen, versagen sie in trockenwarmen Gegenden Süddeutschlands schon nach kurzer Zeit und sind hier eher ein Objekt für erfahrenere Liebhaber.

Madonnenlilie

Die Madonnenlilie *(L. candidum)*, die in unseren Gärten schon seit Jahrhunderten wächst und blüht, sollte möglichst nur im August, vor dem Austrieb der überwinternden Blattschöpfe gepflanzt werden. Im Frühjahr erscheinen dann bereits die 80–120 cm hohen Blütenstengel, die im Juni/Juli 5–20 reinweiße, weit geöffnete, wohlriechende Trichterblüten tragen. Madonnenlilien schätzen einen kalkhaltigen, kräftig gedüngten Boden in sonniger Lage und möchten nicht durch Umgraben oder tiefes Hacken gestört werden. Die Zwiebel sitzt flach und darf beim Pflanzen auch nur 3 cm unter die Erde. Es gibt Sorten mit sternförmigen Blüten wie *L. candidum* var. *salonikae* und sogar rosafarbene Hybriden.

Lilien in Töpfen

Manche Gärten sind so zugewachsen, daß bedauerlicherweise oft kein Platz für die eleganten, kostbaren und eigentlich doch anspruchslosen Lilien bleibt. Auf sie zu verzichten, muß aber nicht sein. In Gärten mit Raumnot können Lilien auch in Kübeln, Trögen, Balkonkästen und anderen Gefäßen gepflanzt werden. Für diese Gärten zum Hin- und Herschieben, die auf dem Balkon, der Terrasse oder vor dem Hauseingang Aufstellung finden können, eignen sich einige Sorten ganz besonders.
Berühmte Sorten sind darunter wie 'Enchantement' (orangerot), 'Destiny', außerdem einige der Midcentury- und die Asiatischen Hybriden wie zum Beispiel 'Harmony' (goldgelb) sowie einige Miniatur-Orient-Hybriden wie 'Little Red Rascals', 'Little Gold Rascals' und 'Little Pink Ras-

cals', die sich durch langanhaltende duftende Blüten auszeichnen. Hier handelt es sich um echte Zwergformen. Wer kleine korallenrote Türkenbundlilien liebt, dem sei *Lilium pumilum* empfohlen. Ihre Bewährungsprobe als Topflilien haben außerdem die Hybriden der Rainbow-, Fiesta- und Aurelian-Hybriden bestanden. Sorten gibt es also genug.
Pflanzen Sie verschiedene Sorten mit unterschiedlicher Blütezeit zusammen, um den Blütenflor auf 4–6 Wochen auszudehnen.
In die Pflanzbehälter kommt zuerst eine Schicht aus Topfscherben oder Kieselsteinen, damit keine stauende Nässe entsteht, die für die empfindliche Lilienzwiebeln tödlich sein kann. Als Erde sollte Kompost mit Sandzusatz oder abgepackte Blumenerde, der man ebenfalls Sand zusetzen sollte, verwendet werden; sie muß etwa 10 cm, besser sogar 15 cm hoch über der Zwiebel liegen. Falls man Lilien in Töpfe setzen will, sollten die Gefäße mindestens 20 cm Durchmesser aufweisen, damit 3–5 große oder kleine Zwiebeln »bequem« Platz finden können und der Behälter nicht gleich beim leisesten Windhauch umfällt. Größere Gefäße trocknen auch nicht so leicht aus.

Sterngladiolen
Acidanthera

Die Sterngladiole ist eleganter, rassiger als die großblumigen Gladiolen und von exotischem Reiz: Ihre weißen wohlriechenden Sternenblüten mit der purpurfarbenen Mitte, die an 50 cm hohen Stielen sitzen, leuchten noch in der Dämmerung und werden deshalb von Nachtfaltern gern besucht.
Die Blüten öffnen sich eine nach der anderen im Verlauf von zwei Wochen und länger, sowohl im Gartenbeet als auch in der Vase. Sterngladiolen sind prächtige, lange haltbare Schnittblumen. Man stelle sie in die Vase, wenn sich eine Blüte geöffnet hat; die anderen folgen wie im Garten nach. Die Knollen kommen im April/Mai etwa 10 cm tief und im Abstand von 20 cm in die Erde. Im Oktober werden sie ausgegraben, trokken und möglichst warm, bei etwa +20 °C überwintert.

Kronenanemonen
Anemone spec.

Anemonen sind unermüdliche Blüher und bringen mit ihren weißen, rosa, dunkelroten oder blauen Blüten von April bis Mai farbenfrohe Buntheit auf die Gartenbeete. Man unterscheidet die DeCaen-Anemonen mit einfachen Blüten und festen, etwa 30 cm hohen Stielen und die St. Brigid-Anemonen mit gefüllten Blüten. Sie blühen auch an halbschattigen Plätzen. Die trokkenen braunen Knollen, die aussehen wie winzige Alraune-

DeCaen-Anemonen besitzen einfache und St. Brigid-Anemonen gefüllte Blüten.

männchen, sollte man vom April bis Anfang Juli 4–5 cm tief legen, um ständig farbenprächtige Schnittblumen von Juni bis Herbst zu bekommen. Gut und tief gelockerter Boden läßt kräftige Stiele mit großen Blüten wachsen. Es empfiehlt sich, die Knollen vorher einen halben Tag lang ins Wasser zu legen und quellen zu lassen. Da diese Anemonen kalkhaltigen Boden lieben, sollte man vor dem Pflanzen keinen Torfmull auf die Beete bringen. Anemonen tut es gut, wenn man sie vom Erscheinen der Blätter ab bis zum Aufblühen regelmäßig alle 14 Tage flüssig düngt.

Knollenbegonien
Begonia

Reich an Farben und Formen sind die großblumigen Knollenbegonien, die mit gefüllten, einfachen, gefransten, gekrausten oder gestreiften Blüten überraschen. Die Farbskala reicht vom reinsten Weiß über Gelb, Orange, Kupfer, Rosa, Scharlach bis zum tiefsten Dunkelrot. Immer wieder kommen neue Sorten, kleinblumige der Multiflora-Klasse und großblumige mit Blüten bis zu 20 cm Durchmesser, sowie hohe Begonien hinzu, deren Blütenreichtum von keiner anderen Balkonpflanze auch nur annähernd erreicht wird. Sehr zu empfehlen sind die hängenden Formen der Pendula-Klasse, die sich besonders schön in Ampeln entwickeln; die kleinblumigen vertragen übrigens auch Sonne. Von den großblumigen gibt es Sorten mit Blüten in verschiedenen, sehr reizvollen Blütenformen: kamelienblütige, rosa mit weißem Rand; Crispa-Sorten mit gekrausten Blütenblatträndern; Marmorata-Formen haben gefüllte rosa-weiß mar-

Blühen bis zum Frost: die blütenschönen Knollenbegonien (links). *Canna* wünschen einen sonnigen Platz und reichlich Dünger, um ihre herrlichen Blüten entwickeln zu können (oben).

morierte Blüten; Papilio-Sorten besitzen gestreifte Blüten; Duplex-Begonien sind halbgefüllt während die Marginata-Sorten stets andersfarbige Blütenblattränder aufweisen. Sie alle blühen unaufhörlich von Mai bis September, mögen (kleinblumige Sorten ausgenommen) keine pralle Sonne, sondern lieber halbschattige bis schattige Plätze. Auf keinen Fall dürfen hängende und großblumige Begonien sonnig stehen. Sie bekommen »Sonnenbrand«.

Die Anzucht aus trockenen Knollen

Die Anzucht ist einfach. Die Knollen lege man zu mehreren in flache Blumenschalen, in Blumengefäße aus Ton oder Kunststoff oder in irgendein Gefäß, das gerade zur Verfügung steht. Als Blumenerde dient fertige, abgepackte Anzuchterde; manche Blumenfreunde ziehen ihre Begonien sogar in Sägemehl heran.
Wichtig ist, die Knollen fingerdick mit der Erde zuzudecken und alles hübsch feucht zu halten. Bei Trockenheit gibt es Probleme! Für alle, die zum erstenmal Knollenbegonien vortreiben: Die runde Seite der Knolle kommt nach unten.
Damit die Knollen anfangen zu treiben, bekommen sie einen recht warmen Platz, wenn möglich auf oder in der Nähe eines Heizkörpers. Bald zeigen sich die ersten zarten, gekrausten Blätter. Sind es drei oder vier, pflanzt man die Begonien einzeln in nicht zu große Töpfe und diesmal in nahrhafte Blumenerde, die gleiche, die sich auch für Balkonkästen eignet.
Die herangewachsenen Begonien werden ab Mitte Mai ausgepflanzt, vorher jedoch abgehärtet; das heißt, wir stellen sie in einen kühleren Raum, bevor sie an die frische Luft kommen.
Nach der Blüte, etwa im September, Gießgaben einschränken – die Ruhezeit beginnt – und die Stiele noch vor dem Frost kurz über dem Wurzelhals abschneiden. Knollen aus dem Kasten oder aus dem Beet herausnehmen und, in Torfmull verpackt oder in Plastiktüten (mit Löchern), trocken und blattlos in einem kühlen, frostfreien Raum überwintern.

Vegetative Vermehrung von Knollenbegonien

Im Februar lassen sich alle unansehnlich gewordenen Pflanzen ohne Schwierigkeiten vermehren. Man schneidet entweder die jungen Triebe, versehen mit einem Stück der Knolle ab oder teilt die Knollen selbst. Bei der letzten Vermehrungsart ist darauf zu achten, daß die Teilstücke nicht zu klein ausfallen und wenigstens ein »Auge« besitzen. Die durch den Schnitt entstandene Wunde läßt man abtrocknen und bestreicht sie mit Holzkohle. Diese »Schnittlinge« werden nur ganz leicht in ein Gemisch aus Anzuchterde und Sand gesteckt und recht warm gehalten.

Indisches Blumenrohr

Canna

Das Indische Blumenrohr *(Canna-indica*-Hybriden), eine imposante Knollenpflanze aus den Tropen, hat in unseren kühlen Breiten nichts von der Üppigkeit ihres Wachstums und von der Leuchtkraft ihrer Blüten verloren. Im Gegenteil, Gärtnerfleiß schuf Sorten mit roten und grünen Blättern und einem Farbenspiel, das sattes Gelb, leuchtendes Orange genauso enthält wie glühendes Rot. Dazu kommen Sorten mit rot-gelb gesprenkelten Blüten und solche von niedrigem Wuchs, die mit ihren 50 cm so gut in Pflanzen-

Für Sträuße und Beete gleich gut geeignet: die Montbretien, *Crocosmia*.

gefäße passen. Von Juni bis zum ersten Frost entwickelt sich die exotische Farbenpracht der Blüten.
Zu den Kleinen gehören 'Brillant' mit blutroten, 'Golden Lucifer' mit strahlend scharlachroten Blüten. Zur höheren Gruppe zählen die lachsrosa 'Ingeborg', 'City of Portland' gelb mit rotem Rand; 'La Bohème' rosarot; 'Orchid' orchideenrosa und 'President' lebhaft scharlachrot; 'Yellow Humbert' gelb mit roten Streifen und 'Richard Wallace' kanariengelb. Ebenso hoch wird die rotblättrige Sorte 'Verdi', orange mit gelben und roten Flecken, während die rosa 'Tirol' und die dunkelrote 'Black Night' über einen Meter erreichen; 'Wyoming' wird sogar 120 cm hoch. Ihr Blütenreichtum steigert sich, wenn im August der Mitteltrieb auf Handlänge zurückgeschnitten wird.
Canna brauchen einen sonnigen, möglichst windgeschützten Platz und eine besonders, wenn in Gefäßen kultiviert, nährstoffreiche Erde wie zum Beispiel Plantahum und einen großen Kübel; in kleineren Gefäßen wachsen Canna schlecht. Ausgepflanzt wird im Mai. Um die Entwicklung zu beschleunigen, empfiehlt es sich, die Rhizome wie Knollenbegonien bereits im März vorzuziehen. Dazu lege man drei dicke Rhizome in einen Topf und stelle die Gefäße bei Temperaturen von 12–16 °C auf. Mitte Mai wird schließlich in die Kübel umgetopft und reichlich gegossen und alle acht Tage (von Anfang Juni bis Anfang September) flüssig gedüngt.
Die Überwinterung ist einfach: die Stiele etwa 20 cm hoch über den Rhizomen abschneiden und mit einem Teil der anhaftenden Erde in einen trokkenen, dunklen Raum, wo es nicht kälter als 10 °C ist, überwintern. Die Rhizome werden in Sand, Torf oder Rindenmulch eingeschlagen, damit sich keine Faulstellen bilden. Sie dürfen nie ganz austrocknen.

Hakenlilie

Crinum

Schade, daß die Hakenlilie *(Crinum powellii)* unter diesem nichtssagenden Namen leben muß. Hat sie doch eine weitaus liebenswertere Bezeichnung verdient; dieses starkwachsende Amaryllisgewächs besticht durch meterhoch aufragende Blütenschäfte, an denen Dolden mit acht mehr oder weniger rosa oder weißen Blüten hängen.
Sie sind so schön, daß sie schon seit langem als Kübelpflanzen mit fast trockener Überwinterung gehalten werden. Wegen ihrer Blütenpracht, die auf den Beeten manchmal untergeht, empfiehlt es sich deshalb auch, sie in großen, dekorativen Gefäßen auf Balkon und Terrasse aufzustellen.

Aber das ist schon der »Haken« bei dieser Lilie. Die ohnehin großen Pflanzen nehmen von Jahr zu Jahr an Umfang zu. Im Kübel mit einem Durchmesser von mindestens 50 cm pflanzt man 3–5 Zwiebeln in eine kräftig vorgedüngte Erde, aber nur so tief, daß die Spitze des Wurzelhalses noch herausschaut. Zwei Jahre nach dem Ein- oder Umpflanzen blühen sie das erste Mal; umgetopft werden sie aber frühestens nach 5 Jahren, läßt man sie nämlich solange ungestört, blühen sie regelmäßig. Sie lassen sich leicht durch Teilung der Zwiebeln vermehren.
Auch im Garten werden sie nicht tiefer in die ebenfalls kräftige mit Volldünger angereicherte Erde gesetzt. Winterschutz ist anzuraten; er wird durch eine dichte Laubpackung gegeben. Es dauert lange, bis sich die Hakenlilie im Frühjahr regt, und erst wärmende Sonnenstrahlen sorgen dafür, daß sich der Blattschopf mit seinen bis zu 1 m langen Blättern bildet.

Montbretien

Crocosmia

Montbretien *(Crocosmia crocosmiiflora)* sehen mit ihren etwa 40 cm langen, eleganten Blütenrispen aus wie die artverwandten Gladiolen, nur kleiner und zierlicher. Die hübsche Knollenpflanze ist uns sowohl als Schnittblume wie auch als ausdauernde Gartenpflanze gleichermaßen lieb und wert. Im Blumenstrauß wie auch auf dem Gartenbeet schätzen wir das dunkle Gelb und das rötlich schimmernde Orangerot ihrer Blüten. Farbtöne, die zusammen mit blauen Blumen besonders gut wirken, zum Beispiel mit Staudenlein, Glockenblumen, Salvien, Duftsteinrich oder Teppichwinden.
Montbretien passen mit ihren degenförmigen Blättern und ihren goldfischfarbenen Blütenrispen, die von Juli bis September erscheinen, auch gut zwischen Ziergräser oder an den Rand eines Wassergartens. Sie ziehen die Kühle der Wassernähe oder einen halbschattigen Platz einem Standort in praller Sonne vor. Die Knollen werden etwa 10 cm tief in 15 cm Abstand gelegt. Montbretienknollen bleiben in der Erde, wo sie sich im Lauf der Jahre vermehren und dichte Pflanzennester bilden; zur Sicherheit schützen wir sie durch eine dicke Laubschicht vor Frostschäden.

Steppenkerzen

Eremurus

Das Blütenwunderland der Blumenzwiebeln hat soviel zu bieten, daß der Gartenfreund

Steppenkerzen, *Eremurus*, passen gut zu Rittersporn oder Türkenmohn.

eigentlich sein ganzes Gartenleben lang auf Entdeckerreise ist. Wenn er dabei im Gartenfachgeschäft die Steppenkerze findet, die auch Lilienschweif, Kleopatranadel und botanisch *Eremurus* genannt wird, glaubt er, einem Pflanzenwunder zu begegnen. Schon allein die Wurzelstöcke sind staunenswert; sie sehen aus wie große Seesterne oder Polypen mit zahlreichen Fangarmen.
Bereits im zeitigen Frühjahr durchbrechen die Triebe wie riesige Spargelstangen den Boden, breiten rasch die strahlenförmig angeordneten Blattschöpfe aus, aus denen sich dann im Juni/Juli mannshohe, je nach Art und Sorte, weiße, gelbe, rosa oder orangefarbene Blütenkerzen erheben. Ein imponierend schöner Anblick, der sich noch steigern läßt, wenn man mehrere Steppenkerzen zusammenpflanzt oder sie anderen Blütenschönheiten des frühen Sommers wie blauen Rittersporn, roten Türkenmohn und weißen, rosafarbigen oder roten Pfingstrosen zugesellt.
Nach der Blüte zieht sich die Steppenkerze wieder in den Boden zurück, um hier geschützt und ungestört die Blütenkerzen für das neue Jahr vorzubereiten.
Als Steppenbewohner wünschen sich die *Eremurus* einen Platz an der Sonne in einem gut durchlässigen Boden. Wer keinen hat, der mache ihn mit Sand und grobem Kompost schön locker. Um ganz sicher zu gehen, empfiehlt es sich, die etwa 15 cm tiefe Pflanzgrube mit einer fingerdicken Schicht Sand zu bedecken und darauf die seesternartigen Wurzelstöcke flach und vorsichtig auszubreiten und anschließend mit Erde zu bedecken. Gepflanzt wird im Herbst.
Von einer Laubdecke als Winterschutz ist abzuraten, da darunter der Austrieb zu früh beginnt und dann dem Frost zum Opfer fällt. Wer einen sehr feuchten Boden besitzt, sollte die Wurzelsterne unbedingt Ende Juli herausnehmen, völlig trocken aufbewahren und im September wieder einpflanzen.

Ananasblumen werden die *Eucomis*-Arten wegen ihres Blütenstandes genannt.

Lilienschopf, Ananasblume
Eucomis

Diese ungewöhnliche Pflanze kann sowohl in Pflanzgefäße gesetzt als auch auf Garten-

beete gepflanzt werden. Sie fällt völlig aus dem bunten Rahmen anderer Zwiebelpflanzen, wirkt durch das ungewöhnliche, eine Rosette bildende Blattwerk und einem walzenförmigen Blütenstand, der wie eine Ananas in der Mitte angeordnet ist.
Die Blüten sind bei *E. bicolor* cremefarben und lilagerandet und stehen auf einem gesprenkelten Blütenschaft. Bei *E. punctata* sind die duftenden Blüten grünlichweiß und die Blätter unterseits rot gefleckt.
Die Ananasblume mit ihren 80 bis 100 cm hohen Blütenschäften paßt gut zu Fackellilien und Freilandkakteen und als Kübelpflanze zu Drazänen und Agaven.
Die Zwiebeln kommen im April etwa 20 cm tief in die Erde, am besten in einen lockeren und humusreichen Boden. Man sollte fünf Stück nebeneinander pflanzen.
Unter einer Schutzdecke aus Laub oder Rindenmulch überwintern die Zwiebeln problemlos im Freien. Dort, wo der Boden jedes Jahr durchfriert, müssen sie trocken im Keller aufbewahrt werden.

Freesien

Freesia-Hybriden

Freesien, eine der schönsten und haltbarsten Schnittblumen, können auch im Garten auf Blumenbeeten wachsen. Allein das Farbenspiel der duftenden Blüten ist wunderschön. Da gibt es weiße, rosa, gelbe, orange, rote purpurne und blaue Farben in vielen Schattierungen; manche sind hübsch getuscht oder gestrichelt. Und alle duften, daß es eine wahre Freude ist, weshalb die Freesie auch früher Kap-Maiblume hieß.
Freesien passen gut an Wegränder, Steingärten oder auf ein spezielles Schnittblumenbeet.
Je nach Witterung können die Knollen für die Blütezeit im Sommer von Mitte März bis Mitte Mai gelegt werden. Ist es zu dieser Zeit kühl und regnerisch, kann nicht gepflanzt werden; dann sollte man die Knollen nach dem Einkauf warm bei einer Temperatur von etwa 27 °C aufbewahren. Das geht ohne Probleme, wenn man die in Schachteln verpackten Knol-

Freesien wachsen auch im Garten an Sonnenplätzen zu prächtigen Schnittblumen heran.

Schön wie Orchideen sind die Ruhmeskronen, *Gloriosa rothschildiana.*

len auf die Heizung im Zimmer legt.
Freesien gedeihen in jedem nährstoffreichen Gartenboden, der nicht zu trocken sein darf. Am liebsten haben sie volle Sonne, lichter Halbschatten schadet aber auch nicht. In kleinen Gruppen werden die Knöllchen in Abständen von etwa 4 cm und 3 cm tief in die Erde gelegt. Auf ungefähr 25 cm hohen Blütenstengeln öffnen sich kleine Blüten, die fast alle gleichzeitig aufblühen. Nach der Blüte werden sie aus der Erde genommen, trocken und frostfrei überwintert.

Sommerhyazinthe

Galtonia

Eine Gruppe von fünf oder zehn dieser 90–120 cm Glockentürme *(Galtonia candicans)* bieten ein Bild, das man so schnell nicht wieder vergißt. Sie stehen am besten in einer Staudenrabatte vor immergrünen Gehölzen. In der Gemeinschaft mit Rhododendron beeindrucken sie jeden Pflanzenfreund.
Die Zwiebeln werden 15 cm tief in 20–30 cm Abstand voneinander gesetzt. Da sie ohne Laubdecke nicht winterhart sind, pflanzt man sie am besten jedes Frühjahr neu. Der Blütenstand trägt am Ende 20 oder mehr weiße, etwa 5 cm große Glockenblüten. Ihr Weiß wird durch einen zarten grünlichen Hauch noch interessanter. Sie blühen von Juli/August bis September. Geschnitten halten sie sich bis zu einer Woche in der Vase. Hier verbreiten sie auch einen leichten zarten Duft. Das Düngen und Gießen für die anderen Stauden reicht auch für die Galtonien.

Ruhmeskrone

Gloriosa

Ruhmeskronen *(Gloriosa rothschildiana)* werden wegen der Schönheit ihrer Blüten oft für Orchideen gehalten. Dabei handelt es sich um ein Liliengewächs, das trotz seiner exotisch wirkenden Blüten im Freien wachsen und überwintern kann. Diese Tropenlilie kann man aber auch im Zimmer oder im Wintergarten blühen und wachsen lassen. Was sie brauchen, ist entsprechend ihrer tropischen Heimat Wärme, einen geschützten Platz und eine Rankhilfe, an der sich die kletternden Triebe festhalten können.
Im Garten sollten die Rhizome nicht vor dem 20. Mai und etwa 10 cm tief und waagerecht in

einen gelockerten, nahrhaften Boden gelegt werden. Die Pflanzstelle ist kräftig anzugießen und auch später gut feucht zu halten. Schon bald kommen die schlanken Sprosse aus der Erde und schlingen sich um Reisig und Gitter. Es empfiehlt sich, die etwa 60 cm langen Triebe festzubinden.
Man kann Rhizome auch vortreiben. Dazu werden sie im Februar/März zu mehreren flach (3–5 cm tief) in Töpfe gelegt, die mit Anzuchterde gefüllt sind. Aufpassen beim Einpflanzen: Die Rhizome brechen leicht. Die Pflanzen entwickeln sich besonders schnell, wenn die Töpfe auf der Heizung stehen. Die solcherart vorgezogenen Ruhmeskronen können sowohl an der Fensterbank stehen und zum Blühen gebracht werden wie auch nach den Eisheiligen in den Garten gepflanzt werden.
Es hat sich bewährt, die im Zimmer verbleibenden Pflanzen nicht am Südfenster unterzubringen und sie auch sonst nicht der prallen Sonne auszusetzen. Natürlich brauchen sie auch im Zimmer eine Rankhilfe. Zu sorgen ist in der Wachstumsphase für regelmäßiges Gießen. Gedüngt wird von Anfang April bis die letzte Blüte verblüht ist. Im Herbst werden die Knollen aus der Erde genommen und frostfrei überwintert, ähnlich wie Knollenbegonien. Zur Vermehrung wird die Knolle im Frühjahr geteilt. Die »Neuen« blühen aber oft erst nach zwei bis drei Jahren.

Schönhäutchen
Hymenocallis

Wer außergewöhnliche Blüten liebt, sollte unbedingt Ismenen, die Botaniker *Hymenocallis* nennen, pflanzen. Sie sind auch wirklich einmalig und zu schön anzuschauen mit ihren großen, weißen, gefransten Amaryllisähnlichen Blüten, die zudem noch einen zarten Duft ausströmen. Die faustgroßen Zwiebeln setze man an sonnigen Plätzen, etwa 10 cm tief, und am besten nicht vor Ende April. Im Herbst werden sie dann zusammen mit Dahlien und Gladiolen aus der Erde herausgenommen und völlig trocken und warm (wie *Acidanthera)* im Keller überwintert.
Die *Hymenocallis* sind auch etwas für Blumenfreunde, die keinen Garten haben. Die

Wunderschön sind die meist weißblühenden Schönhäutchen, *Hymenocallis narcissiflora*.

Anzucht am Zimmerfenster wird wie bei Amaryllis vorgenommen. Manche *Hymenocallis*-Liebhaber ziehen ihre Pflanzen nur in Töpfen und Kübeln heran, um die Schönheit der Blüten ganz nah vor Augen zu haben. Die Zwiebel wird (im Gegensatz zu Amaryllis) so tief in die Erde gesetzt, daß nur noch die Spitze herausschaut. Vor allem die wunderschönen Sorten 'Sulphur Queen' mit primelgelben und 'Festalis' mit reinweißen, in der Mitte grünen Blüten eignen sich für die Topfkultur. Für den Garten empfiehlt sich die bewährte *H. narcissiflora* 'Advance' und die schneeweiße und großblumige 'Zwanenburg'.

Prachtscharte

Liatris

Die nahe Verwandtschaft der Zwiebel- und Knollengewächse mit den Stauden wird bei den Prachtscharten *(Liatris spicata)*, die auch einen besseren deutschen Namen verdient hätten, besonders deutlich, werden sie doch sowohl als bewurzelte Pflanzen wie auch als Trockenknollen angeboten.
Sie wirken mit ihren meist leuchtend-violetten (es gibt auch eine weiße Sorte) Blütenähren, die aus grasartigen Blattschöpfen herauswachsen, sehr dekorativ, aber auch sehr natürlich. *Liatris* werden etwa 80 cm hoch, nur die Sorte 'Kobold' hält sich mit 40 cm im Wachstum zurück; dafür blüht sie schon im Juni, während man bei den anderen bis Juli/August warten muß. Die Blütezeit der Prachtscharte dauert dann aber auch bis zum Oktober.
Interessant, daß im Gegensatz zu anderen Blumen die Blüten von oben nach unten aufblühen, eine Seltenheit im Pflanzenreich.
Es empfiehlt sich, den trockenen Wurzelstock vor dem Pflanzen 24 Stunden in Wasser zu legen und die Pflanzstelle ausreichend zu wässern. Trotz ihrer hohen Wasseransprüche während der Blütezeit vertragen sie keine Winternässe; deshalb sollte der Boden vor dem Pflanzen gut gelockert sein.
Liatris sind lange haltbare Schnittblumen und werden draußen im Garten stark von Bienen umschwärmt.

Milchstern

Ornithogalum

Zwei Arten sind es, die in unserem Garten eigentlich nicht fehlen sollten. Die eine heißt *Ornithogalum umbellatum*, die Sternblume, auch Stern von Bethlehem genannt. Ein Zwiebelgewächs, das im April sternförmige weiße Blütchen auf kurzen Stengeln trägt und sowohl in Blumenwiesen, vor und unter Laubgehölzen als auch entlang der Wege eingesetzt werden kann. Dieser Milchstern bildet große Büsche, da er sich selbst ohne unser Zutun vermehrt.
Die Ansprüche sind gering: Bevorzugt werden Plätze im Halbschatten oder in der Sonne, in einem durchlässigen, nicht zu feuchten, aber humusreichen Boden. Die Blätter ziehen

Der Milchstern, *Ornithogalum umbellatum*, bildet reizvolle Blütenteppiche.

schnell nach der Blüte ein. Die Pflanztiefe soll etwa 8–10 cm betragen.
Nach den Blüten kann man die Uhr stellen. Sie öffnen sich um 10 Uhr vormittags und schließen sich gegen 15 Uhr. Allerdings bleiben sie bei trübem Wetter ganz geschlossen.
Keine andere Blüte hält in der Vase so lange wie der weiße südafrikanische Milchstern, *Ornithogalum thyrsoides*, mit Sicherheit 4, manchmal sogar 6 Wochen.

Im Garten öffnen sich die Einzelblüten von unten nach oben in einer Traube zwei bis drei Wochen lang. Das ist so etwas wie ein natürlich gewachsener Blumenstrauß, bei dem die 3–4 cm breiten Blüten an etwa gleich langen Stielen bis zu 5 cm Länge auf dem Haupttrieb stehen. Da aus jeder dicken Zwiebel nacheinander bis zu fünf solcher Blumensträuße erscheinen, kann man sich leicht ausrechnen, daß die Blüte von Juli bis Oktober reicht.
Nach dem Blühschluß bleibt den Zwiebeln allerdings nicht mehr genug Zeit, um Vorräte für das kommende Jahr zu sammeln. Es lohnt sich deswegen nicht, sie zu überwintern. Ausgepflanzt werden sie Anfang April, und zwar nur 5 cm tief an einen sonnigen Platz.

Glücksklee

Oxalis

Wer Lotto oder Toto spielt, sollte ein paar Glückskleeknöllchen in den Garten, in den Balkonkasten oder einfach in einen Blumentopf am Zimmerfenster pflanzen. Als Glückbringer gewissermaßen, denn neben vielen Blüten hat dieses Zwiebelgewächs die vierblättrigen Kleeblätter zu bieten.
Die Knöllchen werden ganz einfach an einem sonnigen Platz in die Erde gedrückt. Es ist lustig anzuschauen, wie die mit einem braunen Kranz geschmückten Blätter gegen Abend wie ein Schirm zusammenklappen.
Bei diesen hübschen Glücksbringern handelt es sich aber nicht um eine Kleeart, wie sie auf unseren Wiesen wächst, sondern um die Vertreter einer eigenen kleinen Pflanzenfamilie, den *Oxalidaceae*, von denen die meistverbreitete *O. deppei* im Garten von Juli an blüht, wenn die eßbaren, rübenförmigen Wurzeln im April 5 cm tief an sonnige, höchstens leicht schattige Gartenplätze gelegt werden.
Der Austrieb sollte unter Folie vor Spätfrösten geschützt werden, so daß es in rauhen Lagen besser sein kann, die runden Knollen erst im Mai auszulegen. Der Boden sollte durchlässig, aber nie trocken sein. Falls es nicht genug regnet, sind zusätzliche Wassergaben nötig. Nach der Blütezeit läßt man die Blätter abtrocknen und einziehen, ehe sie ausgegraben und im Haus frostfrei überwintert werden. Besonders schön und lange blüht die Sorte 'Iron Cross' mit ihren karminroten Blüten.
Neben den beiden mexikanischen Arten *O. deppei* und *O. tetraphylla* ist noch *O. adenophylla* zu empfehlen, die Blattkissen aus hübschen, silberglänzenden Blättchen bildet, aus denen von Mai bis Juli lilarosa Schalenblüten erscheinen. Dieser Kordilleren-Sauerklee wächst gern an sonnigen wie an halbschattigen Plätzen, verträgt keinen kalkhaltigen und nassen Boden und erschöpft sich nach 2–3 Jahren.

Ranunkeln liefern hübsche Schnittblumen, beleben aber auch Blumenbeete.

Ranunkeln

Ranunculus

Ranunkeln sind beliebte Schnittblumen, die auch als kurzlebige Balkon- und Topfpflanzen erhältlich sind. Das Farbenspiel dieser dicht gefüllten Blumen reicht von Weiß über Gelb, Rosa und Orange bis Dunkelrot. Eine Palette leuchtender Sommerfarben, die im Garten in den Monaten Juni/Juli erblüht.
Diese Schönheiten gehören alle zu *Ranunculus asiaticus.* Heute ist die Gruppe der paeonienblütigen Ranunkeln die meist verbreitete. Diese »pfingstrosenblütigen« Ranunkeln sind Anfang dieses Jahrhunderts zu ihrer heutigen Schönheit und Vielfalt entwickelt worden.
Im Frühjahr bekommt man die kleinen, hornartig harten Wurzelstöcke (»Klauen«) zu kaufen. Sie sehen aus wie Dahlienknollen, aber nur in der Größe eines Markstücks. Im März oder April werden sie 5, besser 7 cm tief gelegt, und zwar mit den Spitzen nach unten. Gut für sie sind nährstoffreiche, humose, nicht zu trockene Böden an sonniger Stelle.
Wenn das Austreiben schneller gehen soll, kann man sie vor dem Legen 24 Stunden einweichen, damit sie gleich mit der nötigen Feuchtigkeit in den Boden kommen. Will man im Frühjahr blühende Ranunkeln haben, muß man sie im Herbst in einem Frühbeet frostfrei überwintern.

Herbstzeitlose

Colchicum

Auch der kenntnisreiche Blumen- und Pflanzenfreund wird von dem wundersamen Leben der Herbstzeitlosen überrascht. Da kommen plötzlich im September/Oktober große krokusähnliche Blüten völlig ohne Blätter aus der Erde. Die Blätter erscheinen erst im nächsten Frühjahr. Im Mittelalter nannte man die Herbstzeitlosen deswegen »filius ante patrem«, »Sohn vor dem Vater«. Ursprünglich sind diese Blüten unserer herbstlichen Wiesen am Mittelmeer zu Hause, wie ihr botanischer Name *Colchicum* verrät. Herbstzeitlose sind rechte Wunder der Pflanzenwelt. Wer sich eine Knolle kauft, wird das im Handumdrehen bestätigt finden. Kaum ausgepackt, geht das schon los mit den Knospen und Blüten – und das gleich auf einem völlig trockenen Untersatz am Zimmerfenster. Sie brauchen nämlich gar kein Wasser und noch nicht einmal Erde. Natürlich kommen sie hinterher auf ein Gartenbeet, am besten zwischen Staudengräser oder

vor Farnkräuter, überall dorthin, wo sie jahrelang ungestört bleiben.
Die Herbstzeitlosen sind sowohl für die Zimmerkultur als auch für den Garten geeignet. Wenn sie im Garten gepflanzt werden, muß die Erde feucht sein. Die Knollen sollten etwa 15 cm voneinander und 10 cm tief gepflanzt werden. Die beste Pflanzzeit ist August.
Besonders schön sind im Garten die Sorten 'The Giant', 'Lilac Wonder', die beide 10–12 kleinere Blüten zeigen, oder die gefülltblühende 'Water Lily' mit 5–6 Blüten. Sternförmig sind die Blüten der rosafarbenen 'Major' und weiß die der Sorte 'Album'.
Für das Zimmer wird oft die große Zwiebel der *Colchicum byzantinum* verwendet, die mit 15–20 Blüten besonders reich blüht.

Herbstzeitlosen, Colchicum, sorgen für Blüten im frühen Herbst.

Herbstkrokusse

Crocus speciosus

Wie bei den Herbstzeitlosen erscheinen bei den Herbstkrokussen *(Crocus speciosus)* die Blüten vor den Blättern. Man sollte auf sie, trotz des herbstlichen Farbenrausches der Dahlien und Sommerblumen, nicht verzichten, bringen sie doch interessante Blütenakzente. Ihre Widerstandsfähigkeit gegen Frost und Nässe ist unbeschreiblich.
Anfang September bis Oktober lege man die Knollen 10 cm tief (kleine Zwiebelchen 2 cm höher) an einen nicht zu nassen, sonnigen Platz. In nährstoffreichen Böden vermehren sich auch diese Krokusse ganz von selbst.
Ihre Blüten haben interessante Farbtöne zu bieten: *Crocus speciosus*, der Prachtkrokus, blüht von September bis Oktober mit hell- bis blauvioletten und dunklen Adern durchzogenen Blüten mit gelben Staubbeuteln. Sorten bzw. Varianten sind im Handel, die noch schöner in der Farbe sind wie die tiefviolette 'Oxonian', die hellblaue 'Artabir' und sogar eine weiße Art. Wer Platz hat, sollte noch den großblumigen rosalila *C. zonatus (C. kotschyanus)* und *C. sativus*, aus dem Safran gewonnen wird, pflanzen.

Goldkrokus

Sternbergia

Ein kleiner Schatz der Gärten ist der Goldkrokus *(Sternbergia lutea)*, einmal wegen seiner hübschen goldgelben Blütenbecher und wegen seiner späten Blütezeit, die in den September/Oktober fällt. Man muß nur dafür sorgen, daß der Goldkrokus stets an sonnige, geschützte Plätze gesetzt wird, beispielsweise unter frühblühende Gehölze oder zwischen bodenbedeckende Kleinsträucher. Die Zwiebelchen kommen im Juli/August in die Erde.

Für das Zimmer

Blutblume
Haemanthus katharinae

Haemanthus katharinae, die Blutblume (als Hybride unter dem Sortennamen 'König Albert' bekannt), ist elegant und durch ihre schmalen, leicht gewellten Blätter und den großen, leuchtendroten Blütenstand reizvoll und begehrt. Sie blüht im Juli aus einer dicken Zwiebel, die wie bei der Amaryllis *(Hippeastrum)* immer zur Hälfte aus der Erde herausragen soll. In der winterlichen Ruhezeit erhält sie die halben Wasserrationen, eher weniger als zuviel, nur ganz eintrocknen möchte sie nicht. Die Blutblume wird nur sehr sparsam gedüngt und bekommt höchstens alle 3 Jahre frische Erde und einen neuen, nie aber zu großen Topf. Blutblumen werden durch Brutzwiebelchen, die sich an der Mutterzwiebel bilden, vermehrt.

Der Blumenfreund sollte jedoch alles so lassen, wie es ist, denn eine Pflanze wirkt um so schöner, je mehr Triebe und Blüten sich in einem Topf entwickeln.

Amaryllis, Ritterstern
Hippeastrum

Alljährlich geben sie eine Galavorstellung auf Tisch und Fensterbrett: die Amaryllis *(Hippeastrum)* mit ihren riesigen, lange haltbaren, weißen, rosafarbigen, gestreiften oder leuchtenden Blüten, die sich von der Spitze eines hohen dicken Blütenschaftes zu mehreren Einzelblüten entfalten. Die schmalen, hellgrünen Blätter neigen sich bei soviel Blütenschönheit bescheiden zur Seite. Sie üben nur eine untergeordnete Funktion aus, zum Wohle und zur Unterstützung der Blüte, die in der Zimmerpflanzenwelt kaum ihresgleichen findet.
Und alles entwickelt sich aus einer dicken, unansehnlichen Zwiebel, die zu zwei Dritteln ihres Umfanges aus der Erde schaut und von Luft und Liebe zu leben scheint. Das stimmt natürlich nicht, denn auch die Amaryllis braucht Wasser, Erde und Nahrung.

Die Blutblume, *Haemanthus katharinae*

Von allen Zimmerpflanzen haben die *Amaryllis* die größten Blüten zu bieten.

Sortiment und Arten

Die bekannten und beliebten Rittersterne, ein deutscher Name, der sich im Laufe der Jahrzehnte nicht durchgesetzt hat, weil die Blumenfreunde hartnäckig bei der Bezeichnung Amaryllis bleiben, sind Hybriden von *Hippeastrum vittatum,* die man als reine Art heute öfter in den Gärten der Mittelmeerküste als am Zimmerfenster bewundern kann. Zu den Eltern gehören auch *H. aulicum* und *H. leopoldii,* die noch seltener sind. Es genügt aber ohnehin, sich an die Hybriden zu halten, da Fensterbank und Wintergarten kaum ausreichen, um die Fülle

der wunderschönen Sorten zu fassen. Immer wieder wird das Sortiment durch neue Farbtöne bereichert, mit einfarbigen, gemusterten und gestreiften Blüten, bei den 'Picotee-Hybriden' haben die Spitzen sogar andere Farben, sie sind gewissermaßen gesäumt.
Wenn auch Amaryllistöpfe fix und fertig mit Blättern und Blüten angeboten werden, macht es natürlich viel mehr Spaß, sie selber von klein auf heranzuziehen. Da die Zwiebeln von Oktober bis März angeboten werden, können Amaryllis, zu verschiedenen Zeiten aufgesetzt, mehrere Monate hintereinander bei jedem Blumenfreund blühen.

Anzucht von Amaryllis

Die Zwiebeln setzt man bei Temperaturen von 20–23 °C, also normalen Zimmertemperaturen einzeln in saubere Töpfe, die nicht viel größer sind als die Zwiebeln; eine Faustregel besagt, daß die Entfernung zwischen Zwiebel und Topfrand nur eine Daumenbreite betragen soll.
Eine gute Zwiebel erkennt man daran, daß sie starke unversehrte Wurzeln aufweist. Sie dürfen auch beim Eintopfen nicht beschädigt werden, deshalb sollte man sicherheitshalber die Blumenerde nicht fest andrücken, sondern mit dem Topf nur locker auf den Tisch aufstoßen.
Gepflanzt werden die Zwiebeln am besten in sogenannte Anzuchterde oder eine andere abgepackte Blumenerde. Um den Wasserabzug zu sichern, (was wichtig ist), legt man zwei Finger hoch Tonscherben unten in den Blumentopf. Folgende Maßnahme hat sich bewährt: Ein paar Handvoll Erde zu einem Kegel formen und die Zwiebel auf dessen Spitze setzen, die Wurzeln sorgsam nach allen Seiten verteilen und die restliche Erde bis zum Gießrand einfüllen. Tontöpfe sind Behältern aus Kunstsoff vorzuziehen, da sie standfester sind. Bei den schweren Blüten kann das ein großer Vorteil sein.
Die Zwiebel muß unbedingt zu einem Drittel, besser bis zur Hälfte aus der Erde herausschauen. Nie tiefer pflanzen, sonst gibt es nur Blätter und keine Blüten. Gleich nach dem Einpflanzen Wasser geben. Um das Wachstum zu fördern, kann der Topf auf einen Untersetzer gestellt werden, der zur Hälfte mit lauwarmem Wasser gefüllt ist. Das Wasser wird immer so nachgefüllt, daß der Topfballen gerade eben feucht bleibt. Bald erscheinen die Blütenknospen aus der Mitte der Zwiebel, aus der später auch die Blätter herauskommen. Manchmal erscheinen die Blätter gleichzeitig mit der Blüte.

Amaryllis nach der Blüte

Ein helles sonniges Fenster oder auch Balkon und Terrasse sind für das Wachstum nach der Blüte wichtig. Die Blätter müssen kräftig wachsen. Vom Blühen bis Anfang August ist eine

regelmäßige Düngung (wöchentlich) erforderlich. Ab August/September sollen die Zwiebeln ausreifen, das heißt sie bleiben ohne Gießen und Düngen an einem warmen Platz und nach dieser Ruhezeit bei 15–18 °C – auch darüber schadet nicht – bis zum Erscheinen der neuen Knospen sich selbst überlassen. Wenn der Platz sehr warm ist, sollte man gerade soviel gießen, daß die fleischigen Wurzeln nicht austrocknen. Es ist sicher der Mühe wert, die Zwiebeln durch eine solche Behandlung zu erhalten, und bei richtigem Vorgehen besteht sogar die Chance, die Zahl der Blütenstengel noch zu vergrößern. Ganz so leicht ist es jedoch nicht, die Pflanze über

Lachenalien wirken in Ampelgefäßen besonders attraktiv.

Jahre immer wieder zur Blüte zu bringen; deshalb ist es oft einfacher, jedes Jahr ein paar neue Zwiebeln zu kaufen, auch um neue Farben auszuprobieren.
Übrigens, alle diese rassigen Amaryllis-Blüten gibt es auch als Schnittblumen. Was das Erstaunliche ist: Sie halten genauso lange in der Vase wie die Amaryllis-Blüten, die noch an der Zwiebel sitzen. Dazu ein wichtiger Tip: auf jeden Fall Frischhaltemittel ins Wasser geben.

Lachenalie

Lachenalia

Diese genügsamen Zwiebelgewächse *(Lachenalia-aloides*-Hybriden) mit ihren hübschen, langen Blütenschäften, an denen viele kleine buntgefleckte Blütchen hängen, gehören zu den allzu selten angebotenen Zimmerpflanzen. Dabei gibt es »neue« Hybriden wie die orangegelbe 'Aurea', dann 'Pearsonii' mit gelben und roten Blüten und schließlich 'Nelsonii', deren goldgelbe Blüten grüne Spitzen aufweisen.
Sie blühen von Februar bis März, manchmal sogar schon im Dezember–Januar, stehen gern kühl und hell und begeben sich nach der Blüte sofort zur Ruhe. Wenn die Blätter (zwei je Zwiebel) anfangen zu welken, wird weniger gegossen, so daß die Blätter völlig eintrocknen. Erst im August beginnt der neue Lebensrhythmus; die *Lachenalia*-Zwiebeln werden zu mehreren (3–5) in Töpfe oder besser flache Schalen in eine sandige Erde oder Beutelerde gelegt und nur etwa 2 cm dick mit dieser Erde zugedeckt. Diese frisch zubereiteten »Lachenalien-Behausungen«erhalten dann einen sonnigen Platz im Garten, auf der Terrasse oder dem Balkon. Gegossen wird nach der Stärke des Blattwachstums: erst wenig, später mehr. Wenn im Herbst dann die ersten Fröste gemeldet werden, beziehen die Lachenalien ihre Winterquartiere an hellen, sonnigen Fenstern ungeheizter Räume. Bald zeigen sich zwischen den beiden Blättern die ersten Blütenstiele. Dann in wärmere Räume und an helle, sonnige Plätze stellen. – Vermehrung durch Seitenzwiebeln; dazu mehrere Zwiebeln flach in einen Topf einsetzen; die jungen Pflanzen blühen nach 2–3 Jahren.

Veltheimie

Veltheimia

Die Veltheimie ist ein ungewöhnliches Zwiebelgewächs für kühle Räume, eine Pflanze mit grünen, gewellten Blättern und zahlreichen hellroten, gelblichgrünen, oft monatelang haltbaren und ansehnlichen Blütentrauben, die auf hohen, braun gefleckten Zwiebelschäften stehen.
Es gibt zwei Arten: *V. capensis* und die seltenere, etwas größere *V. bracteata (V. viridifolia).* Die herrlichen Blüten erscheinen alle Jahre wieder – von Januar bis März –, ohne daß wir uns viel Pflegemühe machen müssen. Nur die Ruhezeit, sie beginnt nach der Blüte und endet im August, heißt es genau zu beachten. Dann bekommt die Veltheimie kein Wasser mehr, so daß die Blätter völlig verschwinden. Dennoch recht warm und sonnig aufstellen. Anfang September beginnen wir dann mit dem Gießen, erst wenig, später, im Verhältnis zur Blattentwicklung, mehr.

Früher nur weißblühend, werden heute *Calla*-Sorten in hübschen Farben angeboten.

Veltheimien möchten in der Wachstums- und Blütezeit einen hellen, sonnigen, luftigen und kühlen Platz. Bei Zimmertemperaturen über 12 °C befriedigen Blattwachstum und Blütenfarbe nicht. Umgetopft wird nach der Ruhezeit in nicht zu große Töpfe. Beim Umtopfen müssen die alten funktionsuntüchtigen Wurzeln abgeschnitten werden.

Zimmerkalla
Zantedeschia

Warum blüht meine Zimmerkalla nicht, so lautet die oft gestellte Frage. Soweit es sich um die weißblühende Kalla handelt, ist die Antwort meist recht einfach: die Ruhezeit wurde nicht eingehalten, so daß die Pflanzen sich durch das Bilden immer neuer Blätter völlig erschöpften. Nach der Blüte, bei Nichtblühenden im Mai, wird die Kalla ins Freie gestellt, auf den Balkon oder in den Garten, wo sie auch ausgepflanzt werden kann. Durch Trockenhalten von August bis September erhält sie ihre lebensnotwendige Ruhezeit. Anfang Oktober wird die Kalla wieder eingetopft und bezieht ihren Platz an einem hellen, sonnigen Fenster in einem zuerst kühleren Raum, um ihr den Übergang von draußen nach drinnen zu erleichtern. Nach 14 Tagen hat sie sich akklimatisiert und darf in ein wärmeres (bis 15 °C) Zimmer herüberwechseln. Ab Januar kann man, bei strikter Einhaltung dieser Pflegemaßnahmen auf die ersehnte Blüte hoffen. Schöner noch als die weiße Kalla ist *Zantedeschia elliottiana,* mit silbriggefleckten Blättern und gelben Blüten und die rosablühende *Z. rehmannii,* die im Gegensatz zu *Z. aethiopica,* Knollenpflanzen sind, aber unter gleichen Bedingungen herangezogen und gepflegt werden.

Krankheiten und Schädlinge

Wo Blumenzwiebeln und Knollen gute bis ausreichende Lebensbedingungen vorfinden, bleiben sie frei von Schädlingen und Krankheiten. Auch für diese Pflanzen gilt das gleiche wie für andere Gewächse: Sonnenliebende Arten dürfen nicht in den Schatten und umgekehrt. Außerdem sollte die Düngung nicht vergessen werden, denn Tulpen und Dahlien, Hyazinthen und Gladiolen brauchen jedes Jahr Nährstoffe, um mit Blüten glänzen zu können und um kerngesund zu bleiben. Einige Krankheiten und Schädlinge stellen sich gelegentlich aber doch ein.

Grauschimmel, *Botrytis*

Verkrüppelte Stengel, die deutlich im Wachstum zurückbleiben, verdrehte und oft zerstörte Blätter weisen auf *Botrytis*-Befall hin. Außerdem ist auf Blättern und Stengeln ein graues Pilzgeflecht zu sehen und auf den Blüten erscheinen faulige Flecken. Vor allem auf Tulpen sind derartige Symptome zu erkennen (»Tulpenfeuer«). Befallen werden aber auch Schneeglöckchen, Hyazinthen, Lilien und Gladiolen.
Bei Lilien fallen die Stengel um, und die Knolle bringt im nächsten Jahr keine Blüten hervor; manchmal gehen Blätter, Stengel und Blüten völlig in Fäulnis über. Besonders anfällig sind weißblühende Lilien wie beispielsweise Madonnenlilien.
Vorbeugende Maßnahmen: Absterbende und befallene Blätter, Stengel und Blüten entfernen. Nicht einseitig mit Stickstoff düngen.
Bekämpfung: Wiederholte Spritzungen mit Neudol-Vital AF oder Neudol-Vital 1%ig.

Viruskrankheiten

Bei Viruserkrankungen gerät das Wachstum ins Stocken, so daß die Diagnose irrtümlicherweise meist Nahrungsmangel oder ungünstige Lebensbedingungen heißt. Virosen werden auch deshalb nicht sofort erkannt, weil sie nur selten zum Absterben der ganzen Pflanze führen.
Die Mosaikkrankheit erkennt man an unregelmäßigen Flekken oder Streifen, die an Blättern weiß oder gelblich, an Blüten hell oder dunkelfarbig sind. Befallen werden vor allem Kalla und Tulpen.
Gelb oder gelblichgrün färben sich die Blätter bei den Vergilbungskrankheiten. Oft erscheinen die Triebe oder auch ganze Pflanzen gestaucht, verbräunen, werden brüchig oder erscheinen unvermutet in Zwergengestalt (Stauchewuchs). Ein klares Erkennen einer bestimmten Viruskrankheit ist recht schwer, weil zumeist eine Infektion der verschiedensten Virusarten stattfindet.
Vorbeugende Maßnahmen: Der Virusbefall kann vermieden

Blattläuse können auch Knollen- und Zwiebelgewächsen ziemlich zu schaffen machen.

werden durch die Bekämpfung saugender Insekten, die oft die Virosen von kranken auf gesunde Pflanzen übertragen. Virusüberträger sind Blattläuse und Blasenfüße. Auch sollten alle befallenen Pflanzenteile sofort abgeschnitten und in den Mülleimer geworfen werden. Hände danach sofort waschen und die gebrauchten Messer oder Schere in Spiritus oder andere desinfizierende Mittel tauchen. Befallene Dahlien können nicht mehr gerettet werden.
Bekämpfung: Nicht möglich. Es gibt aber auch »gutartige« Viren, die zum Beispiel für die bunten Streifen der Rembrandt-Tulpen sorgen.

Tierische Schädlinge

Blattläuse

Als Virusüberträger können Blattläuse manchen Blumenzwiebeln und Knollen gefährlich werden.
Vorbeugende Maßnahmen: Kapuziner- oder Gartenkresse, dazwischen gepflanzt oder gesät, wirkt abweisend.
Bekämpfung: Steinmehl über verlauste Pflanzenteile stäuben oder gezielt mit starkem Wasserstrahl abspritzen. Bei starkem Befall: Spruzit-flüssig, Spruzit-Spray oder mit Oscorna-Insektenschutz spritzen oder mit Spruzit-Staub stäuben.

Lilienhähnchen

Der auf Lilien spezialisierte Käfer benagt im Mai/Juni die Blätter und hinterläßt dabei kreisrunde Kerben an den Blatträndern.
Bekämpfung: Der signalrot gefärbte Käfer ist gut zu erkennen und bei Berührung der Flügeldecken auch zu hören. Er kann deshalb leicht abgesammelt werden. Auch auf die Larven achten und diese von Hand entfernen.

Thripse, Blasenfüße

Bei den Blasenfüßen handelt es sich um kleine, gelblich oder schwarzbraun gefärbte Insekten, die vor allem Blätter und Blüten von Gladiolen, Freesien, Lilien und Iris befallen. Durch ihre Saugtätigkeit verursachen sie punktartige, helle Blattflekken, die silbrig glänzen. Bei Gladiolen werden auch die Knollen befallen. Sie bekommen dunkle Flecken, verhärten und sterben schließlich ab.
Vorbeugende Maßnahmen: Gladiolenzwiebeln im Herbst sorgfältig reinigen.
Bekämpfung: Besprühen mit Pflanzen-Paral oder Parexan oder mit dem nützlingschonenden Neudosan.

Narzissenfliege

Verkrüppelte Knospen und verkümmerter Blattaustrieb sind sichtbare Zeichen dafür, daß die Zwiebeln von den Maden der Narzissenfliege, die auch Lilien benagt, angefressen sind.
Vorbeugende Maßnahmen: Gekaufte Zwiebeln vor der Pflanzung nach Maden überprüfen; wenn sich die Spitze eindrücken läßt, probeweise eine Zwiebel aufschneiden.
Bekämpfung: Verseuchte Zwiebeln vernichten, kranke Zwiebeln im Frühjahr ausgraben und in die Mülltonne werfen.

Lilienhähnchen sind gut zu erkennen und lassen sich leicht absammeln.

Register

Pflanzenvielfalt harmonisch gestaltet

Christiane Widmayr-Falconi
Bezaubernde Gärten
Ideen und Anregungen aus Cottage- und Landhaus-Gärten zum Nachgestalten
Faszinierender Bildband mit Ideen und Anregungen aus Cottage- und Landhaus-Gärten zum Nachgestalten: Planung, Gestaltungsvorschläge mit Material- und Bepflanzungstips, romantische Gartenideen mit detaillierten Plänen.

Ilse Höger-Orthner
Vom Zauber der Alten Rosen
Alte Rosen – Arten und Sorten, die etwa bis Mitte des 19. Jahrhunderts entstanden, heute aber wieder erhältlich sind: Sorten, Pflanzung, Pflege, Gestaltung.

Mary Keen
Gärten in allen Farben
Die schönsten Kombinationen in Blau, Rot, Gelb, Grün und Weiß
Gartengestaltung in verschiedenen Farben und Nuancen mit attraktiven Farbfotos, gut nachvollziehbare Pflanzpläne und Farbgrafiken, Kombinationsmöglichkeiten verschiedener Farbtöne, Pflanzenporträts.

Siegfried Stein
Sommerblumen, Gartenstauden
Grundlagen der Gartengestaltung; Porträts von Sommerblumen und Stauden für Naturgärten, Bauerngärten, formal gestaltete Gärten, für Farben- und Duftgärten, für Terrassen, Steingärten u. a.

Martin Stangl
Stauden im Garten
Auswahl, Pflanzung, Pflege
Pflanzung, Pflege und Vermehrung; Sonnen-, Schatten- und Prachtstauden, Polster- und Steingartenstauden, Gräser; Arbeitskalender und beispielhafte Pflanzpläne.

Kurt Henseler
Der Pflanzendoktor für den Hausgarten
Krankheiten und Schädlinge erkennen. Obst, Gemüse und Zierpflanzen richtig behandeln
Allgemeine Pflanzenschutzmaßnahmen, aktuelles Pflanzenschutzgesetz, Schnelldiagnose durch Tabellen mit vielen Fotos;chemische, biologische und mechanische Behandlungsmethoden.

Im BLV Verlag finden Sie Bücher zu folgenden Themen: Garten und Zimmerpflanzen • Natur • Heimtiere • Jagd • Angeln • Pferde und Reiten • Sport und Fitneß • Tauchen • Reise • Wandern, Bergsteigen, Alpinismus • Essen und Trinken • Gesundheit, Wohlbefinden, Medizin

BLV

Wenn Sie ausführliche Informationen wünschen, schreiben Sie bitte an:
BLV Verlagsgesellschaft mbH • Postfach 400320 • 80703 München
Telefon 089/12705-0 • Telefax 089/12705-543